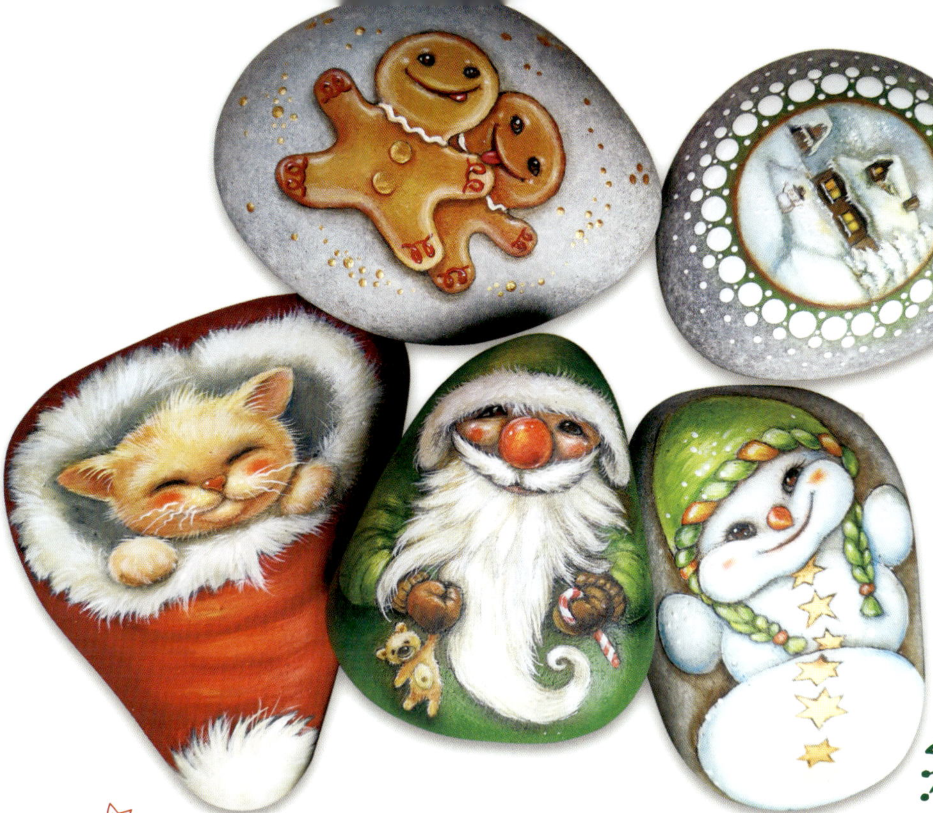

WEIHNACHTS- UND WICHTELSTEINE MALEN

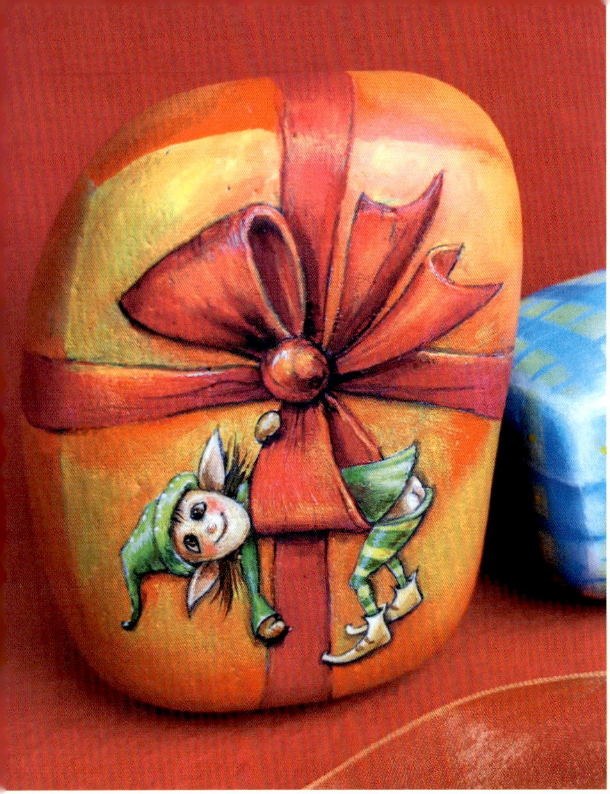
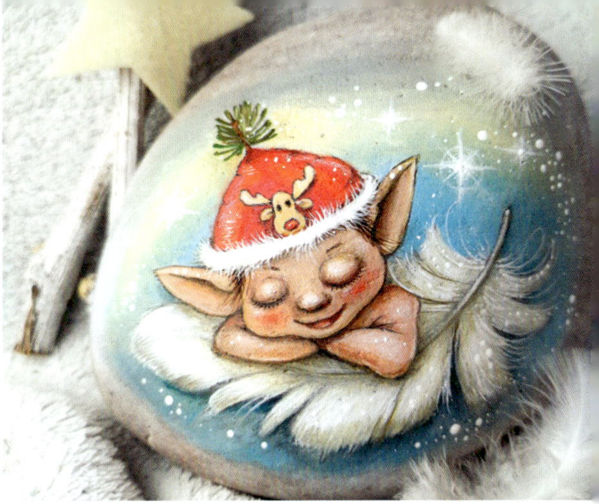
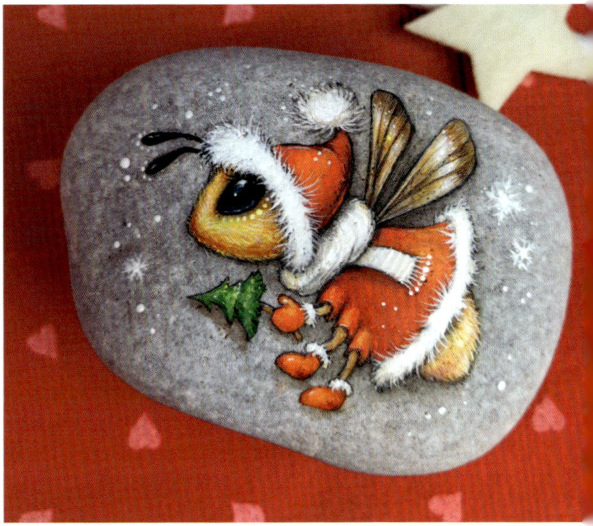
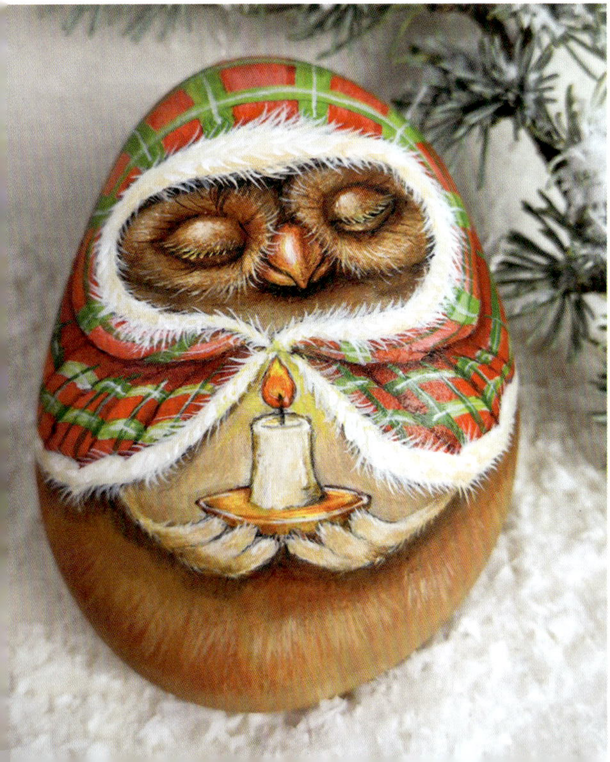
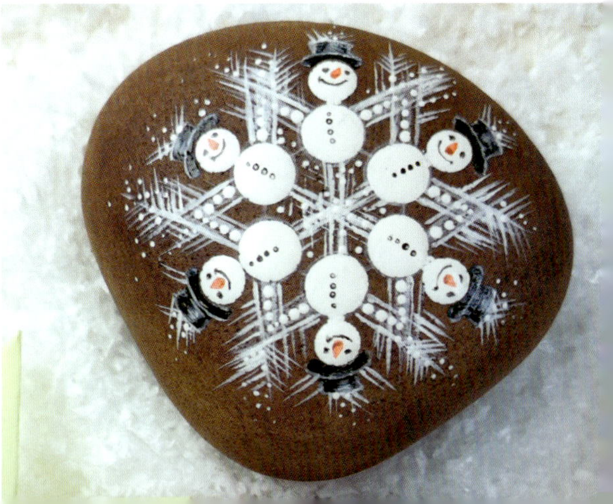

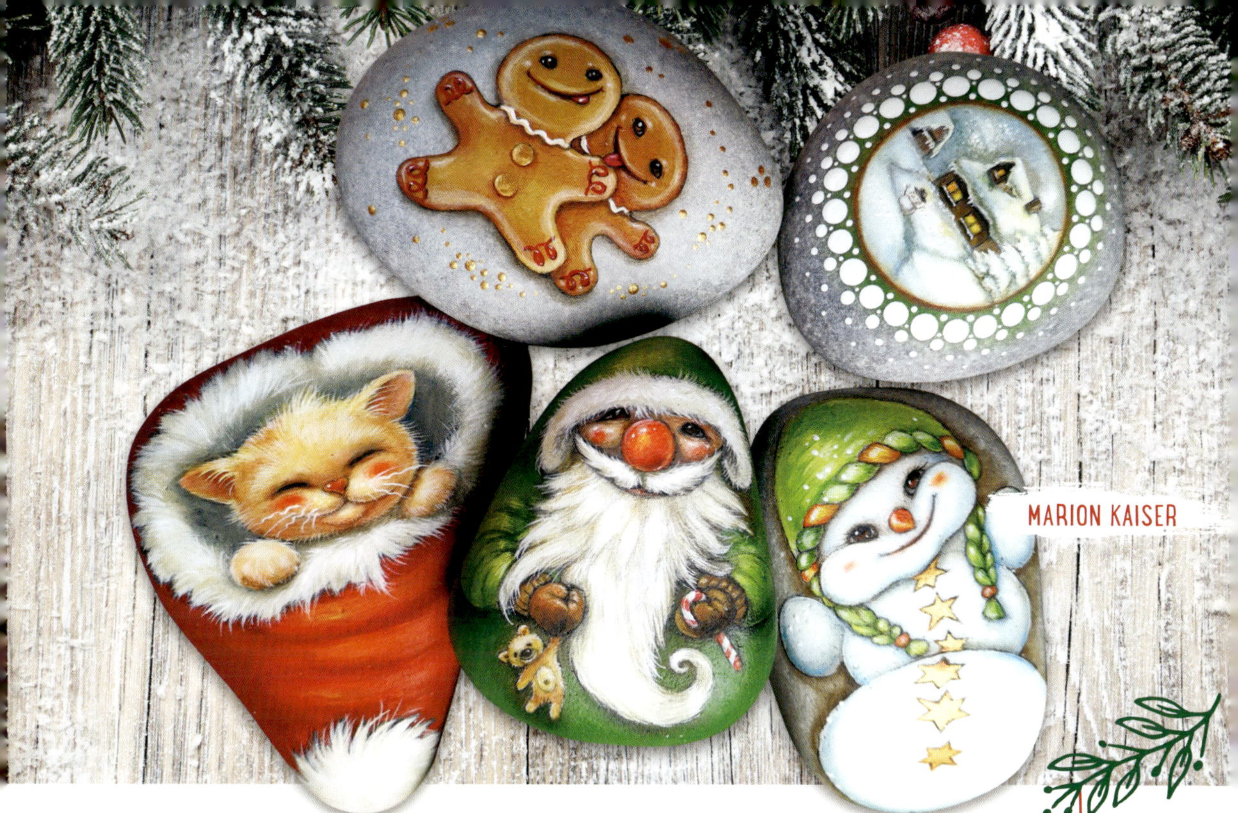

MARION KAISER

WEIHNACHTS- UND WICHTELSTEINE MALEN

ZUM DEKORIEREN, VERSCHENKEN UND LIEBHABEN **IN DER ADVENTSZEIT**

EMF

EIN BUCH DER
DITION MICHAEL FISCHE

Inhalt

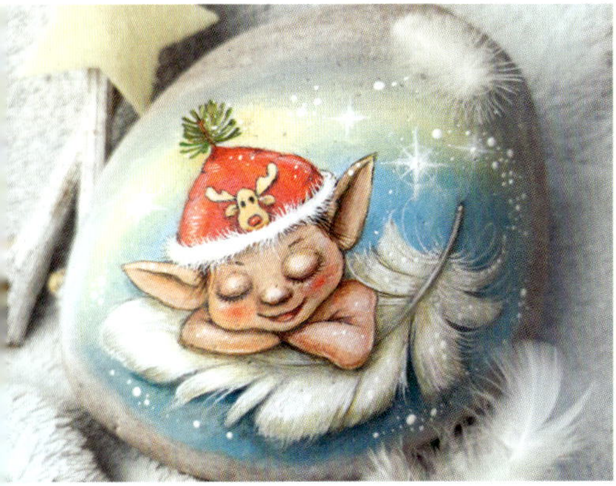

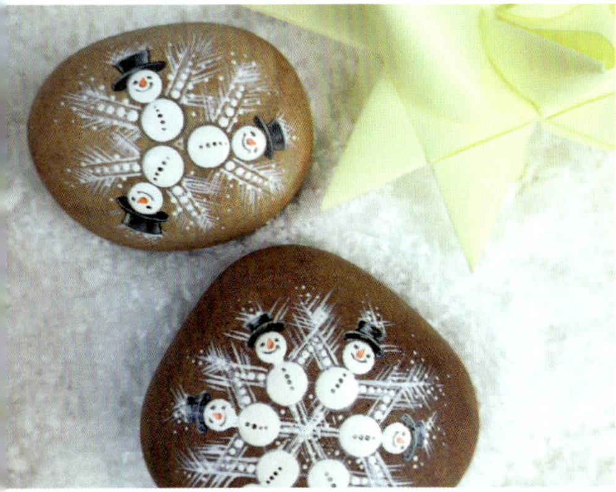

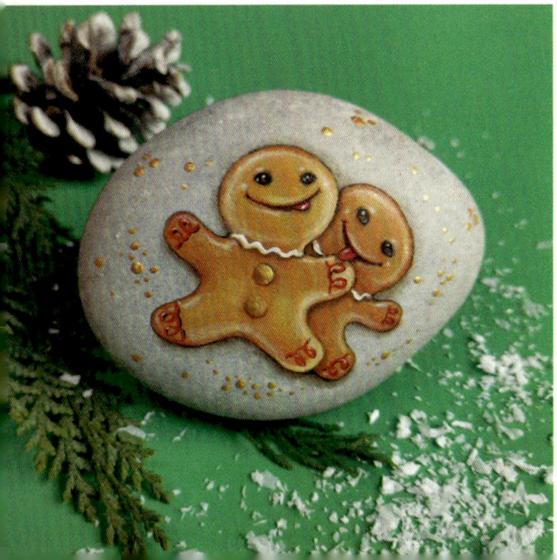

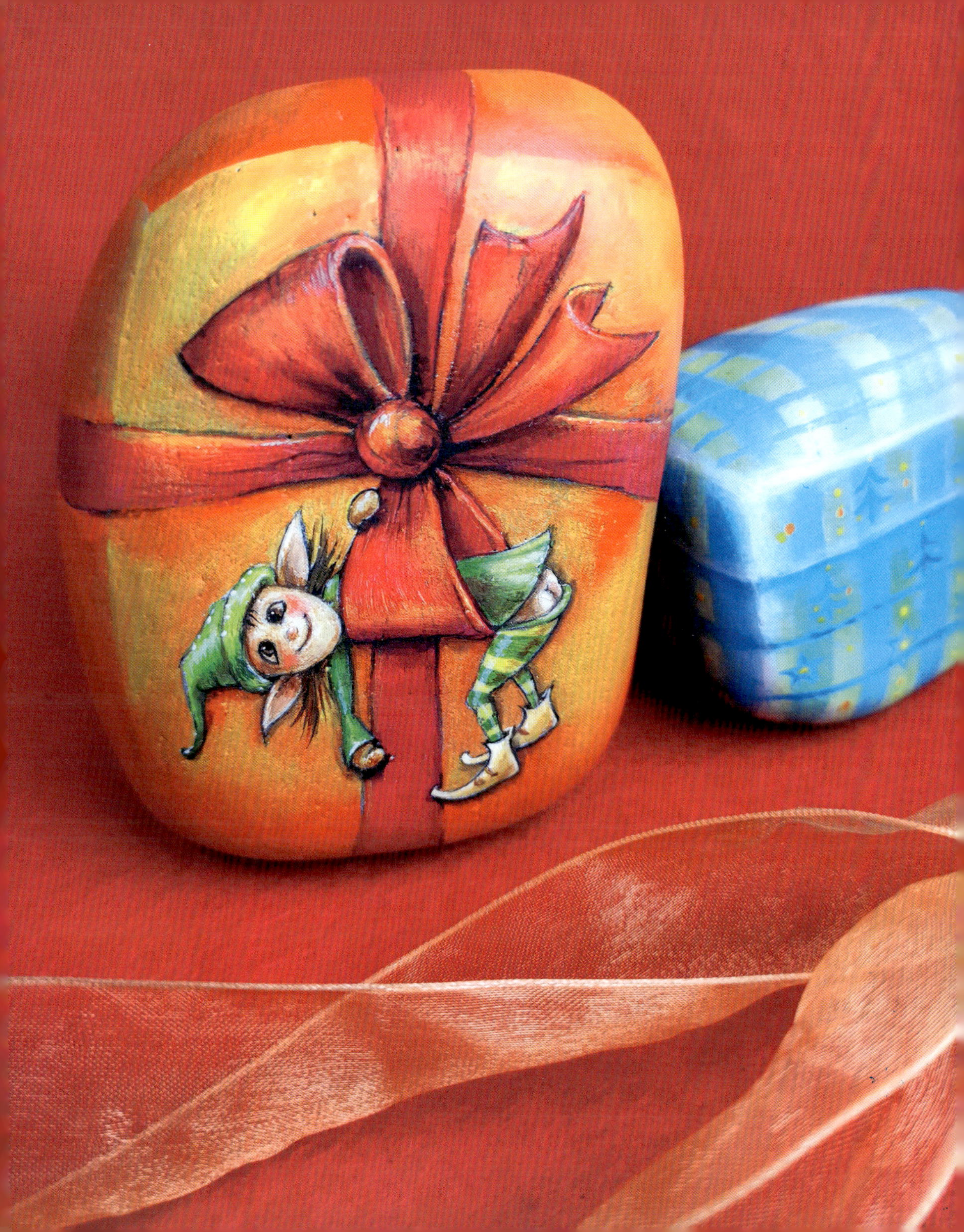

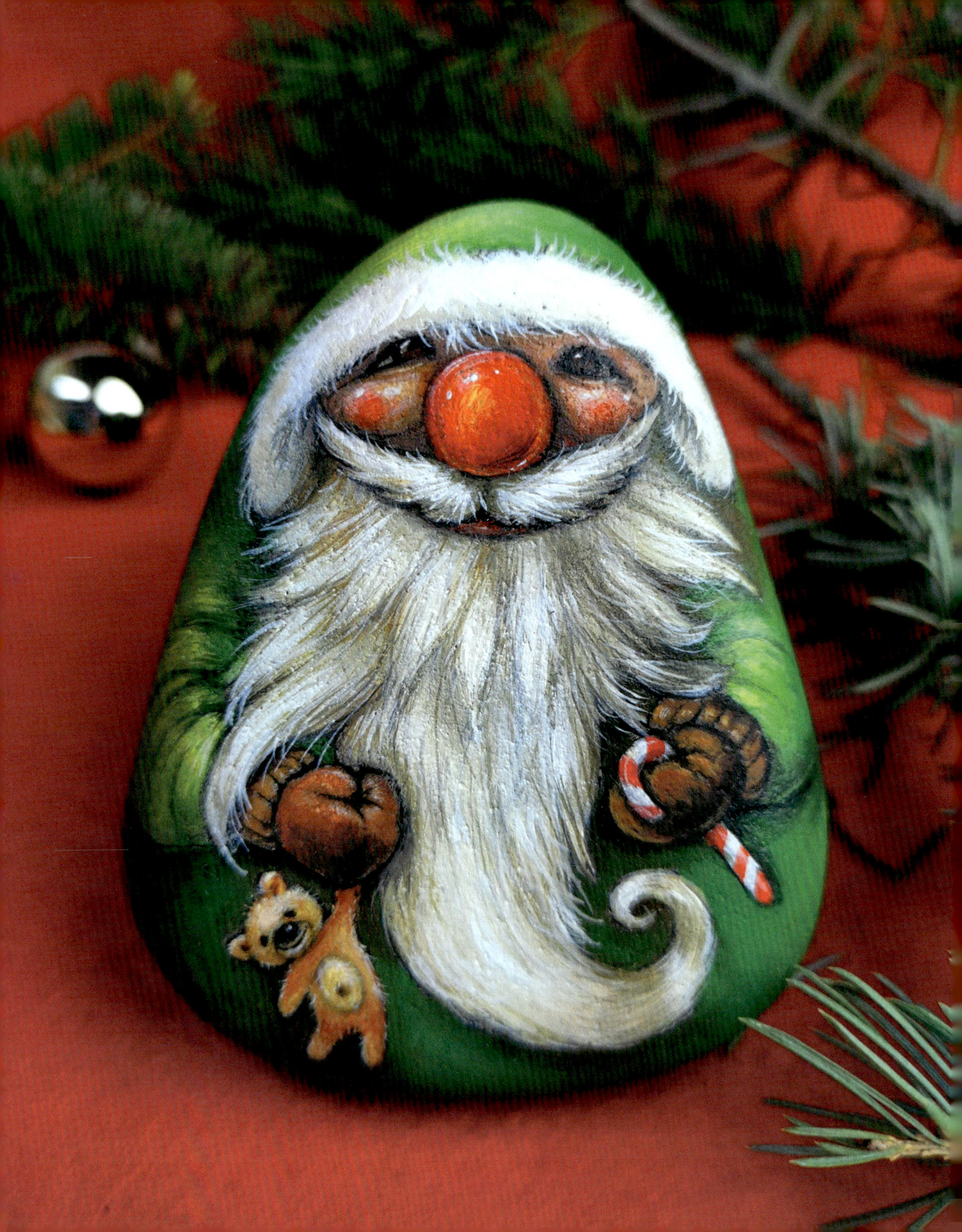

Hallo,

dieses Büchlein ist zu dir gekommen, um dich für die Weihnachtszeit zu inspirieren und natürlich auch, um deine Kreativität voll in Gang zu setzen.

Ich freue mich wirklich sehr, dass du jetzt in meinem dritten Steine-Buch liest und ich frage mich gerade, wie viele Stunden du wohl mit meinen Motiven verbringst und ob die kleinen Wichtel dein Herz genauso zum Schmunzeln bringen wie meins.

Vielleicht nimmst du dieses Buch zum Anlass, um mit der ganzen Familien kreativ zu sein. Oder du malst heimlich und überraschst deine Liebsten zu Weihnachten mit selbst gemalten Geschenken.

Auf jeden Fall wünsche ich dir eine friedliche und besinnliche Zeit voller Segen und Wunder.

Ich bin in Liebe und Verbundenheit bei dir.

Deine malende Wichtelfreundin
Marion

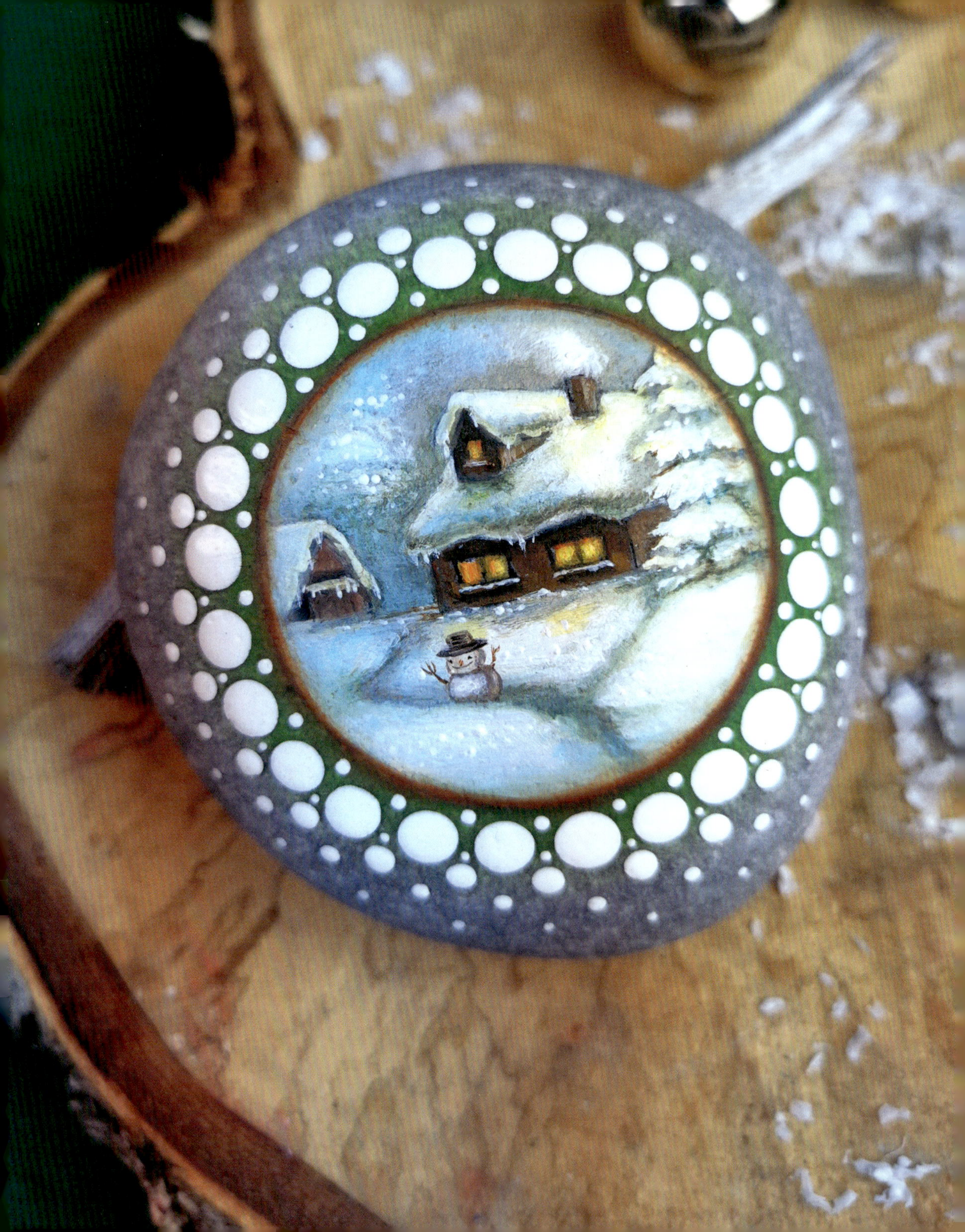

Grundlagen

Steine

Jeder Stein ist anders und kann dir durch seine Form bei deinem Motiv zu Hilfe kommen. Frag nur den Stein, was er werden möchte!

WO FINDET MAN STEINE?

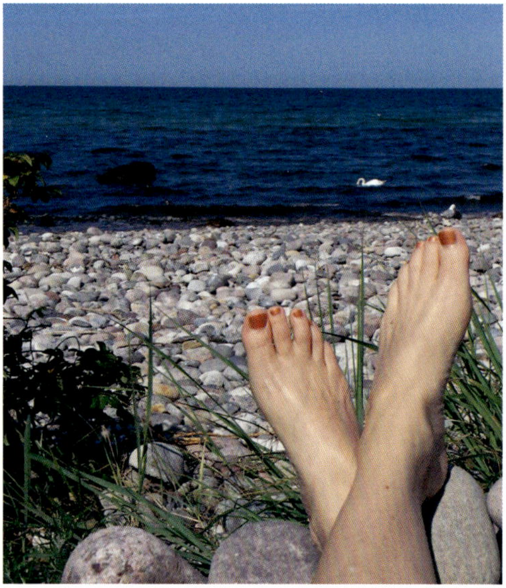

Schöne Steine gibt es an der Ostsee, auf Usedom und Rügen sowie bei Sassnitz und Rostock. Auch in den Alpenflüssen wie Isar und Inn lohnt es sich zu suchen. Da der Besuch am Meer nicht immer zu realisieren ist, ist es gut, dass sogar im Internet Steine angeboten werden. Zudem haben große Gärtnereien und Baumärkte auch oft Steine unter der Bezeichnung „Flusskiesel" in ihrem Sortiment.

WACKELIGE STEINE

Wenn ein Stein zu sehr wackelt, kann das durch einen selbstklebenden Filz oder mit kleinen Gummistoppern ausgeglichen werden. Du kannst ihn so in die Position bringen, in der du ihn haben möchtest.

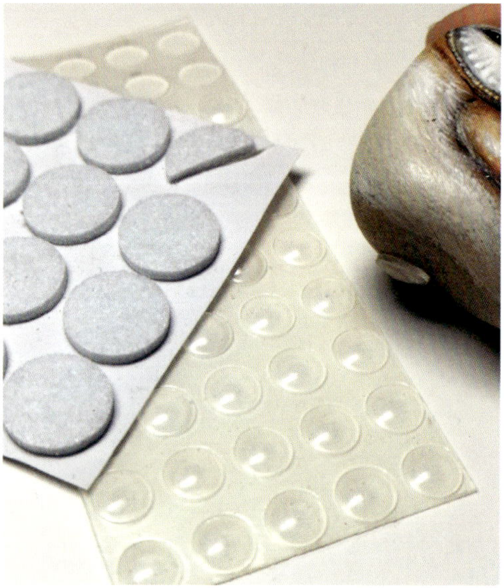

UNSCHÖNE LÖCHER

Oft haben Steine Löcher, die beim Bemalen stören. Diese lassen sich mit übermalbarer Universalspachtelmasse entfernen. Am besten trägt man diese mit einem kleinen Spachtel auf, wie im Foto unten gezeigt.

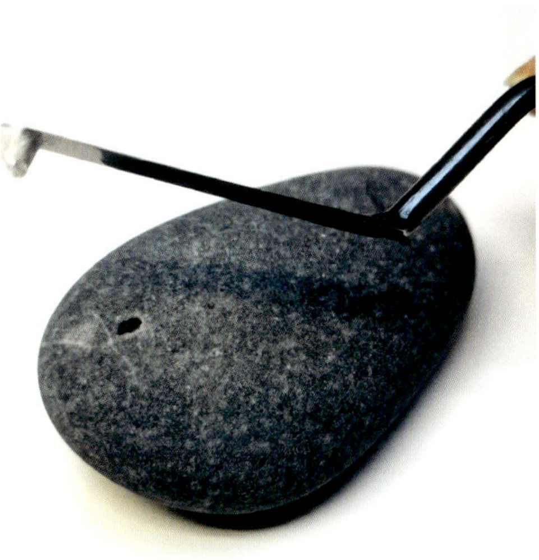

Bei mehreren kleinen Löchern nebeneinander kann man die Masse auch mit dem Finger verstreichen. Vielleicht braucht man dazu noch etwas Wasser.

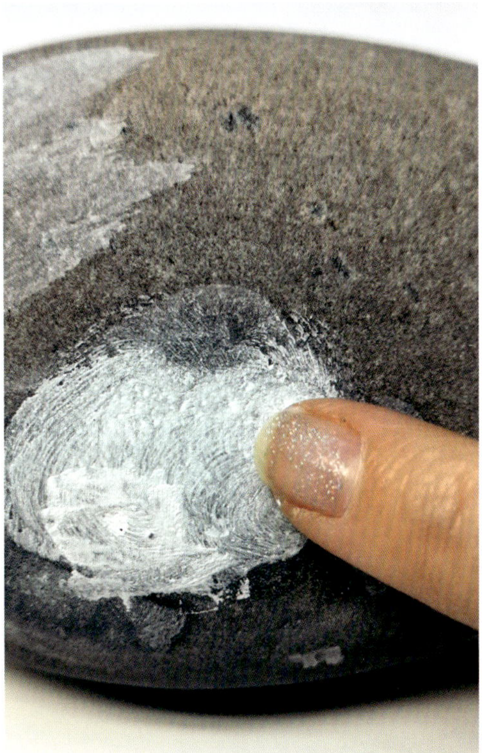

Tipp

Ich habe auch schon Steine bemalt, die Löcher hatten und obendrein zu rau waren. Dabei habe ich festgestellt, dass ich länger gemalt habe als üblich und die Malerei nur halb so schön wurde. Daher empfehle ich dir, suche etwas länger und lass die rauen Steine lieber liegen.

Tipp

Je glatter der Stein ist, umso filigraner wird die Malerei zur Geltung kommen.

Farben

Steine lassen sich gut mit Acrylfarben, mit Acryllack und Ölfarben bemalen. Im Handel gibt es auch Stifte, die dafür verwendet werden können. Bei meinen Motiven habe ich ausschließlich Acrylfarben und -lacke verwendet.

FARBSYMBOLE

Hochwertige Acrylfarben sind mit kleinen Quadraten gekennzeichnet:

- Lasierend
- Halblasierend
- Halbdeckend
- Deckend

Die lichtechten Farben bekommen zusätzlich noch Sternchen ***. Dabei steigt die Qualität mit der Anzahl der Sternchen.

ABSCHLUSSLACK

Mit einem großen und weichen Pinsel kann der transparente Acryllack flott aufgetragen werden. Das verleiht den Farben Brillanz und gibt dem Werk zusätzlichen Schutz.

Tipp

Mein persönlicher Farbtipp für dich sind lasierende Farben in Braun und Gelb.

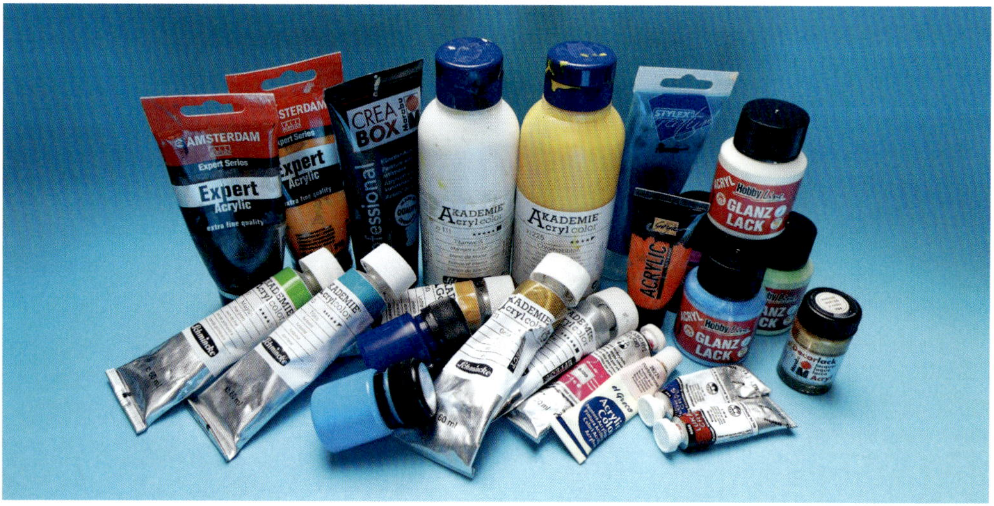

Pinsel

Wer vor einem Regal voller Pinsel steht, sollte als Erstes die Sorte für Acrylfarbe nehmen. Pinsel für Aquarelle sind in der Regel zu weich und daher nicht geeignet. Mein Pinselsortiment stelle ich dir nun vor.

Mit diesen Pinseln sind alle im Buch abgebildeten Steine entstanden:

1 Der Synthetikpinsel zum Lackieren ist weich und breit (Größe 16).

2 Die Katzenzunge ist gut für größere Farbflächen (Größe 10).

3 Der borstige Schulmalpinsel ist ideal zum Fellmalen (Größe 9).

4 Alter Borstenpinsel für präzises Fell (Größe 1).

5 Dieser flache Pinsel ist gut für kleine Flächen mit präzisem Rand (Größe 2).

6 Ein solcher abgenutzter Pinsel sollte auf keinen Fall fehlen (Größe 1).

7 Für lange Schnurrbarthaare ist dieser Pinsel perfekt (Größe 1,5).

8 Für Lichtpünktchen in den Augen findet der kleinste seine Bestimmung (Größe 0).

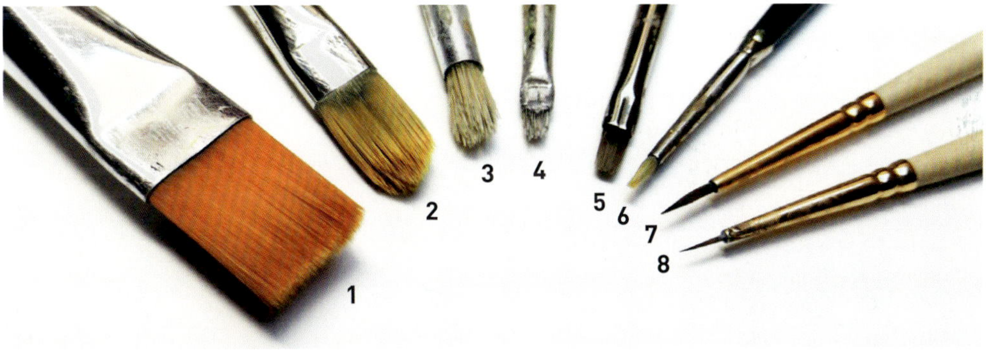

Tipp

Einfache Regel:
große Flächen = großer Pinsel
kleine Flächen = kleiner Pinsel

PINSELPFLEGE

Pinsel haben eine längere Lebensdauer, wenn man sie mit Pinselseife oder Kernseife auswäscht. Es ist erstaunlich, wie viel Farbe noch herausgespült wird, und deine Pinsel bleiben weich und geschmeidig.

Maltechnik

Wenn du schon Acrylfarben zu Hause hast, dann probiere aus, ob sie sich fürs Punktemalen eignen. Wenn das mit deinen Farben nicht so gut klappt, dann probiere es mit Acryllack auf Wasserbasis.

PUNKTE

Bei der Gestaltung mit Punkten verwende ich Acryllack auf Wasserbasis. Er lässt sich gut übermalen und macht schöne, dicke Punkte. Nimm dir dafür ein bisschen Zeit, denn hier kannst du gut „punkten"!

Für die Punkte hältst du deinen Pinsel einfach mal andersherum und arbeitest also mit dem Ende des Pinselstiels.

Für die ganz kleinen Pünktchen verwendest du Zahnstocher.

Die gleichmäßigsten Punkte entstehen, wenn du sie mit nur einem Tupfer auf den Stein bringst. Es lohnt sich also, das Punkten etwas zu üben – du wirst mit tollen Punktreliefs auf deinen Steinen belohnt.

Dicke Farbtropfen sind sehr schön, haben aber leider den Nachteil, dass du mit fünf bis acht Stunden Wartezeit rechnen musst, bis alles trocken ist.

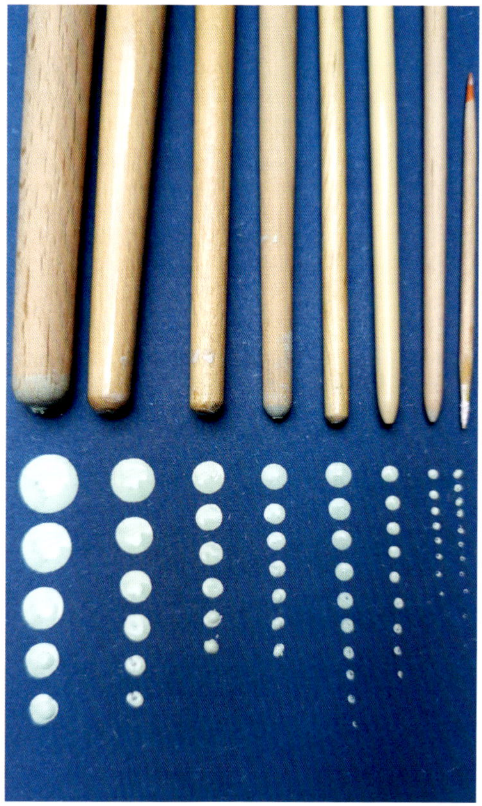

LASIEREN

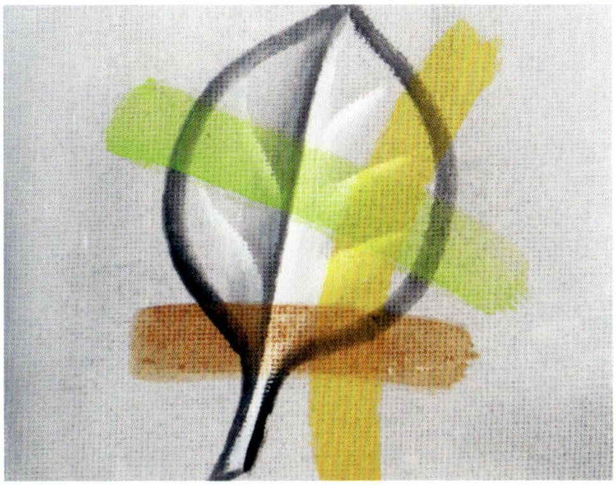

Um die Technik beim Lasieren besser zu zeigen, habe ich – wie du im Foto oben siehst – ein Blatt in Schwarz und Weiß gemalt. Anschließend sind Braun, Grün und Gelb lasierend darübergelegt worden. Stell dir vor, du hast einen Wassertropfen, dem du etwas Farbe schenkst. So sollte die lasierte Farbe sein.

Probiere dabei sowohl deckende als auch lasierende Farben aus, denn beide kannst du verwenden. Lasierendes Weiß muss nicht besser sein als deckendes Weiß mit Wasser.

Bei Braun und Gelb benutze ich für diese Technik nur lasierende Farben. (Die entsprechenden Farbsymbole werden auf Seite 12 erklärt.)

WEISSER UNTERGRUND

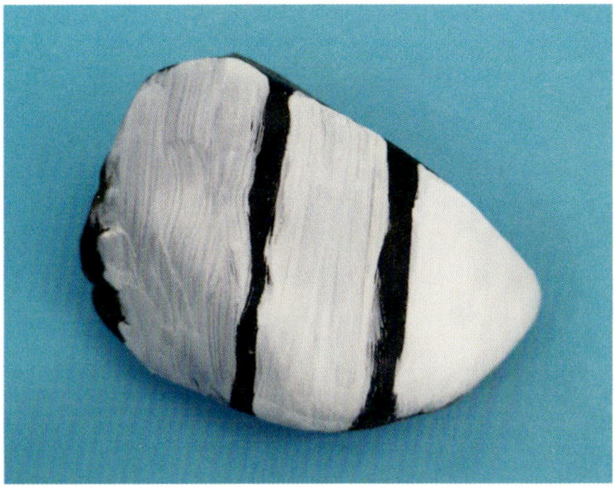

Im Bild oben siehst du einen dunklen Stein, an dem ich dir die Wirkung der Grundierung mit Weiß zeigen möchte: Auf der linken Seite habe ich nur eine Farbschicht, in der Mitte zwei und rechts drei Schichten aufgetragen. Wenn die Bemalung deines Steins hell und leuchtend werden soll, ist die weiße Grundlage wichtig, damit deine Farben darauf strahlen können. Wenn der Stein sehr dunkel oder schwarz bleiben soll, ist die weiße Grundierung nicht nötig.

Motive übertragen

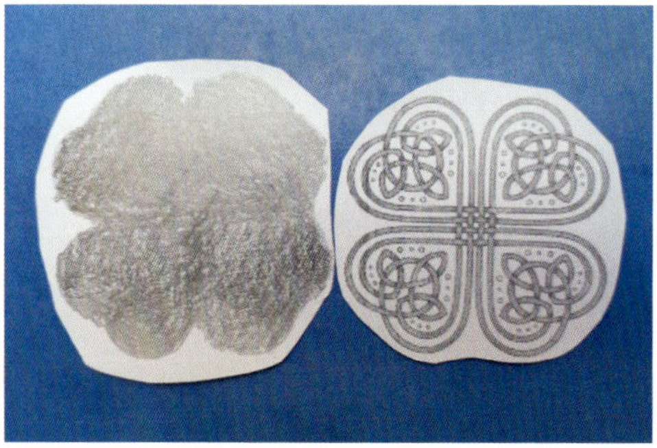

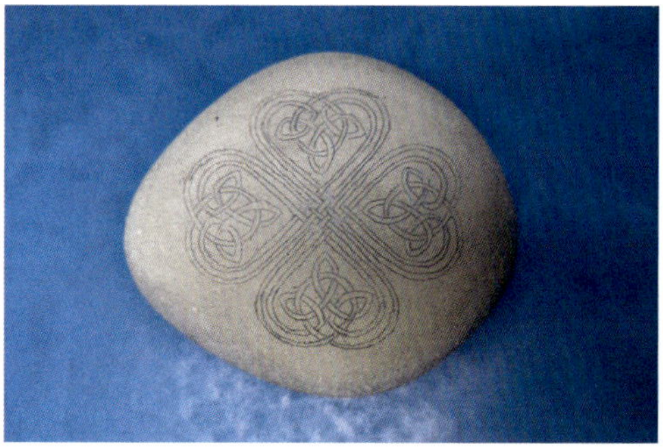

Hier kommen meine Tipps, um komplizierte Ornamente und schwere Motive zu kopieren und die perfekten Umrisse leicht auf den Stein zu bringen. Dafür kannst du dein Motiv entweder auf Papier ausgedruckt nehmen oder Pauspapier verwenden. Bei weißem Papier kannst du es bei Tageslicht gegen das Fenster legen, um die Rückseite zu bearbeiten. Du kannst sogar ein Foto von deinem Smartphone gleich mit einem Bleistift (H oder HB) auf Pauspapier abzeichnen. Sei dabei bitte ganz vorsichtig, damit dein Smartphone nicht leidet.

Wenn du fertig bist und dein Papier vom Handy genommen hast, kannst du noch mal mit einem dünnen Fineliner die Linien nachziehen.

Anschließend drehst du das Papier um und bearbeitest die Rückseite mit einem weichen Bleistift (B). Der Bleistift soll großzügig angewendet werden, denn nur die Linien, die der Kugelschreiber von der Vorderseite aus durchdrückt, werden zu sehen sein.

Deinen Stein solltest du dafür mit einer hellen Schicht Farbe versehen, die du nur ganz dünn mit einem dicken, weichen Pinsel aufträgst.

Jetzt kannst du dein Papier mit Klebeband auf den Stein platzieren, um anschließend mit einem Kugelschreiber alle Linien mit etwas Druck durchzudrücken. Ich wünsche dir viel Erfolg beim Probieren neuer Möglichkeiten und hoffe, dass du dich damit auch an schwierigere Motive wagst.

Tipp

Wenn du feine, lange Linien malen willst, sollte dein Pinsel eine gut zulaufende Spitze haben und etwas länger sein, damit er die Farbe aufnehmen kann, die nachfließen soll. Pinsel mit zu wenig Haaren können die Farbe nicht halten. Die Konsistenz der Farbe sollte dabei etwa wie dicke Kaffeesahne sein, also ein bisschen Wasser zugeben und alle Klümpchen verstreichen.

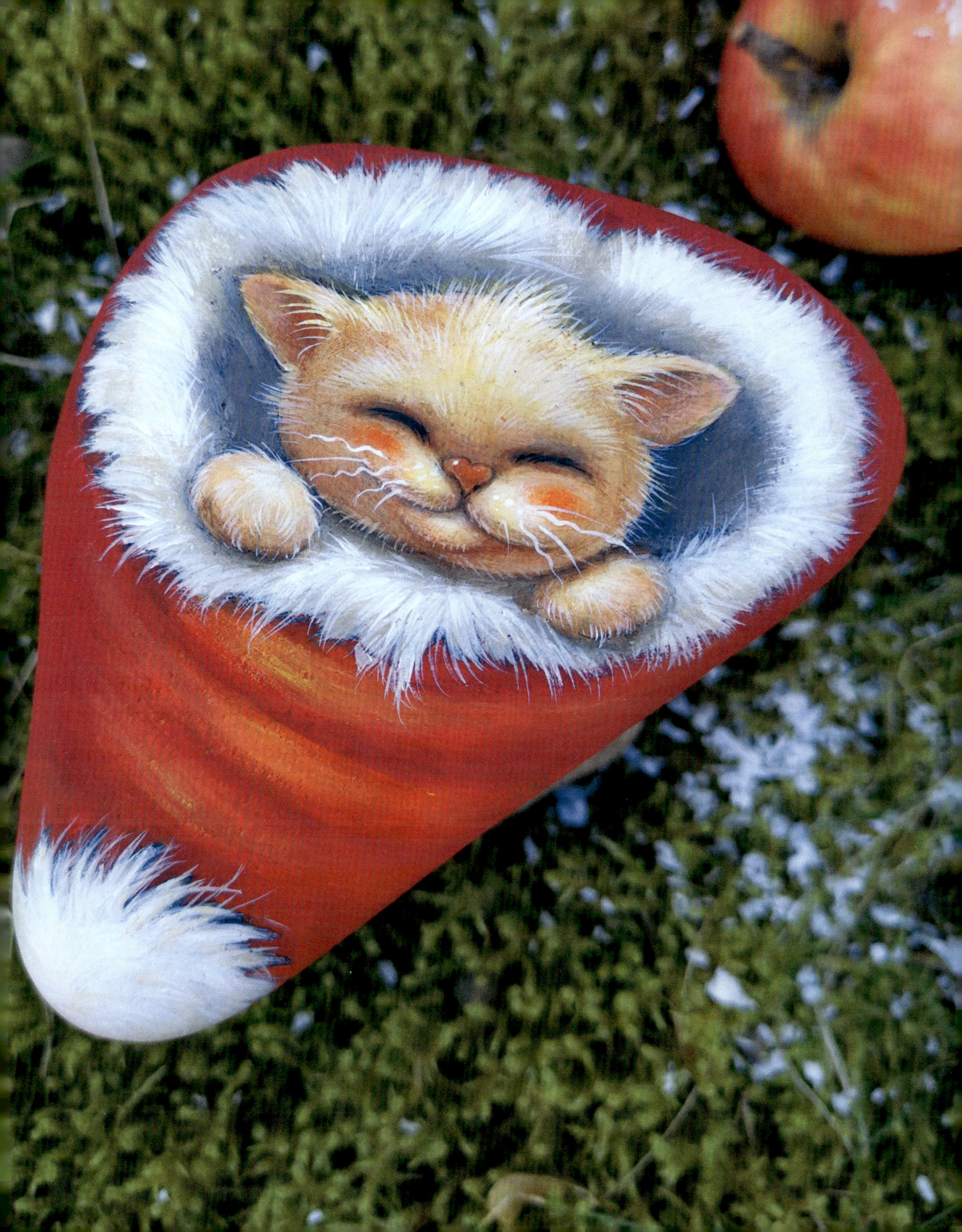

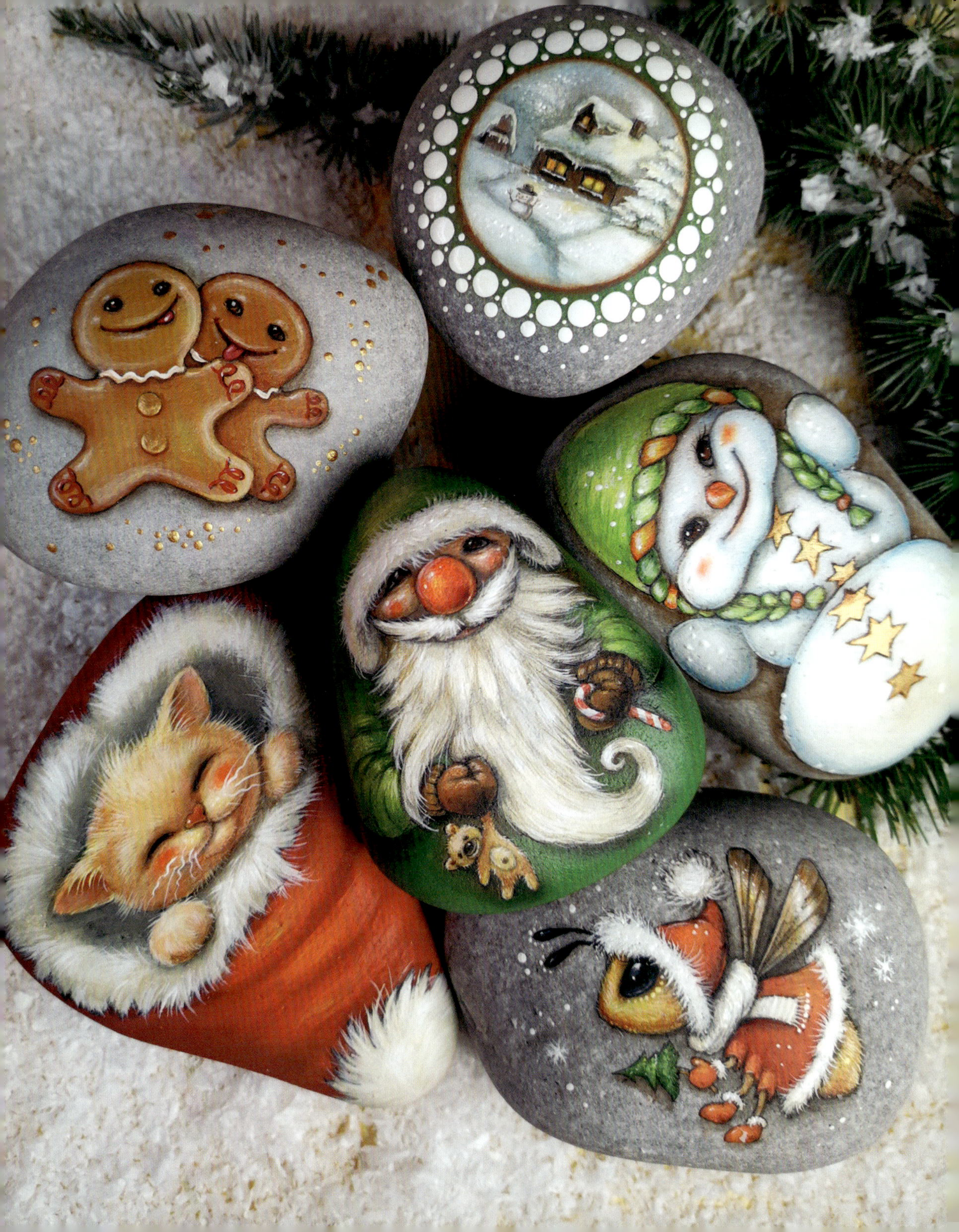

Projekte

Biene

Für dieses Motiv brauchst du die Farben Weiß, Ocker, Rot, Orange, Gelb, Rotbraun und Schwarz.

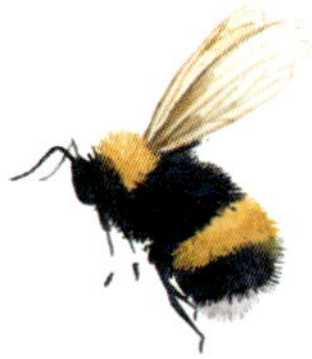

*Leise summt die Biene dir ein Weihnachtslied vor.
Und wenn du ganz stillhältst, küsst sie noch dein Ohr.*

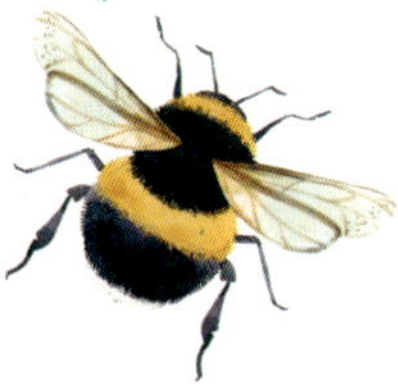

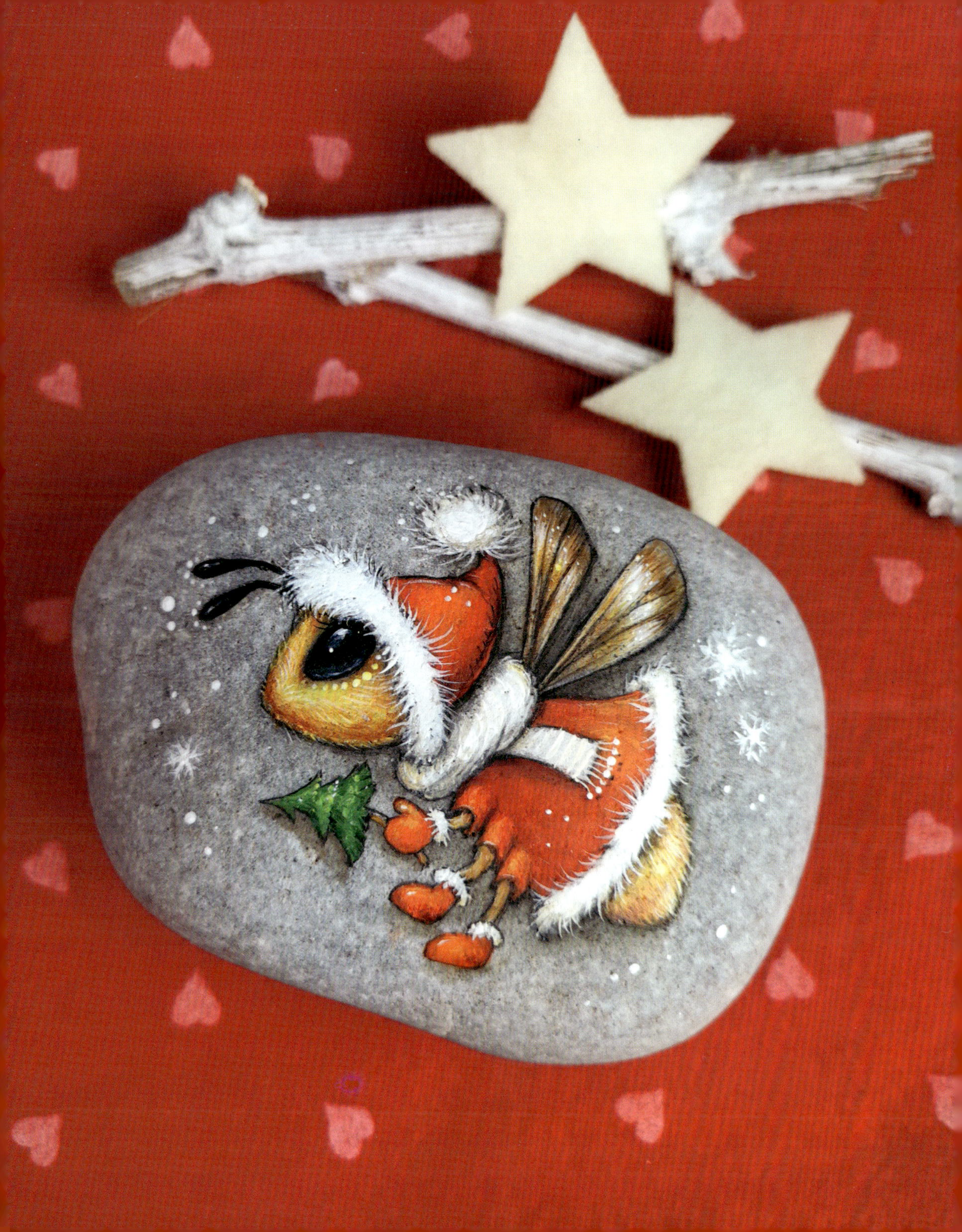

Los geht's

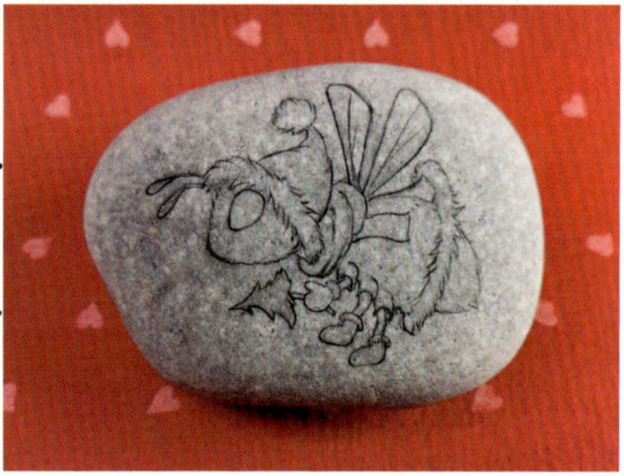

1

1 Starte mit deiner Bleistiftzeichnung, indem du am besten mit Kopf und Körper beginnst.

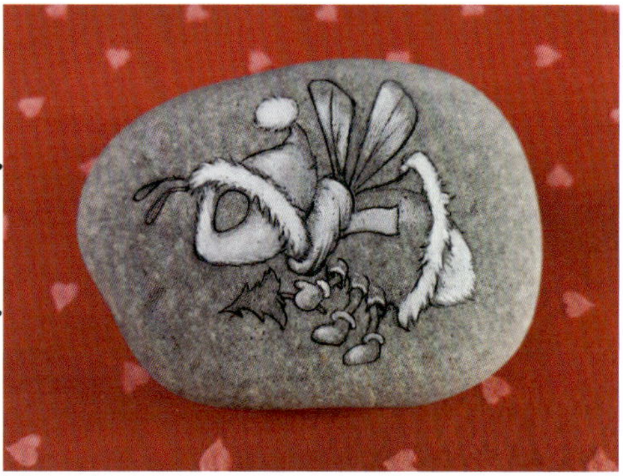

2

2 Als Nächstes streichst du weiße Farbe auf die Biene, und an den Stellen, die später weiß oder gelb werden sollen, können ruhig zwei oder drei Schichten weiße Farbe übereinanderliegen.

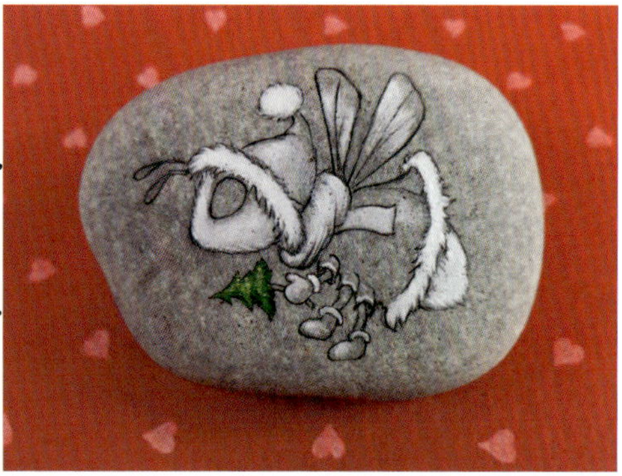

3

3 Für den kleinen Baum nimmst du dir Gelb, Grün und etwas Schwarz auf deine Palette. Mit einem kleinen Pinsel malst du erst die Äste und dann das Grüne.

4
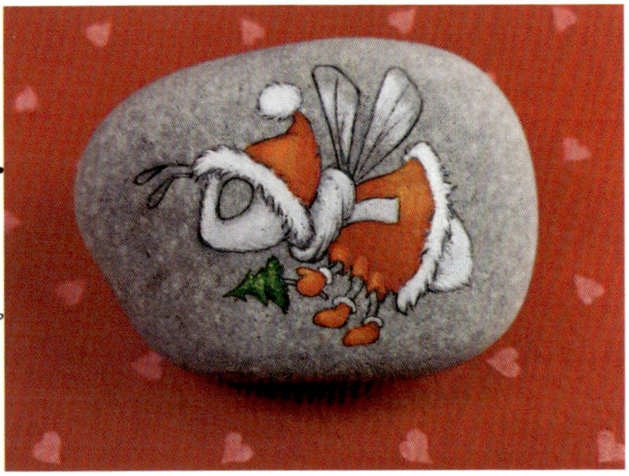

4 Damit das Rot schön leuchten kann, nimmst du zusätzlich noch Orange und Gelb an die helleren Stellen dazu.

5
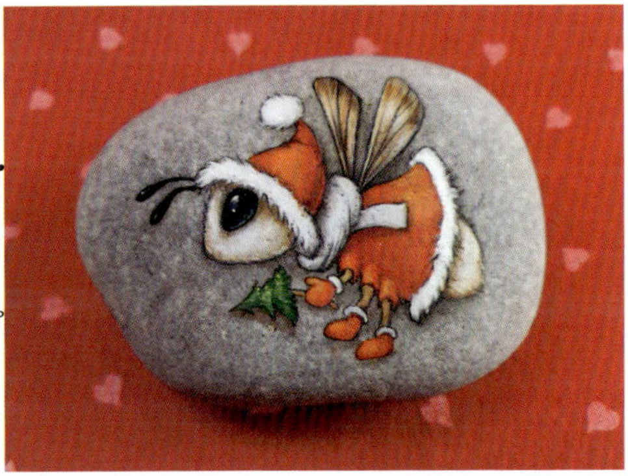

5 Beim nächsten Schritt kannst du sehen, wie ein verdünntes Schwarz um die Biene herum das Motiv zur Geltung bringt. Ocker und Braun kommen nun auf das Fell und die Beinchen der Biene. Und für das Auge habe ich in das frische Schwarz weiße Akzente gesetzt.

6
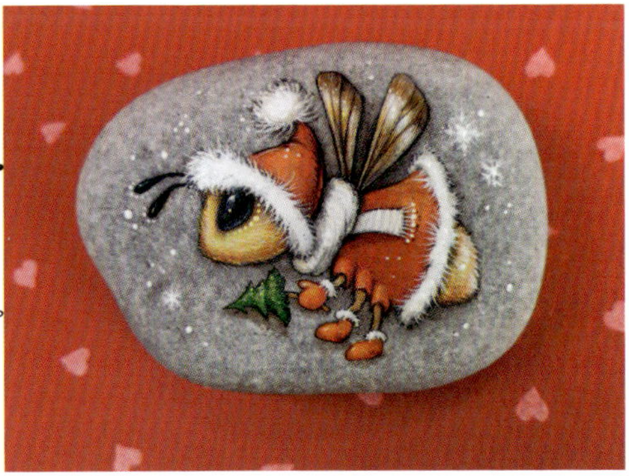

6 Jetzt bekommt die Kleine ihr gelbes Fell, und etwas Rotbraun kannst du noch dazunehmen. Mit dem feinsten Pinsel ziehst du zarte Linien aus dem weißen Pelzrand heraus. Nun kannst du dein Werk vollenden, indem du mit dem Zahnstocher noch kleine, weiße Pünktchen verteilst.

Schneekind

Nimm hierfür die Farben Weiß, Ocker, Orange, Blau, Gold, Grün, Braun und Schwarz.

Ein glückliches Schneekind liegt auf dem Stein… oh, das ist fein.

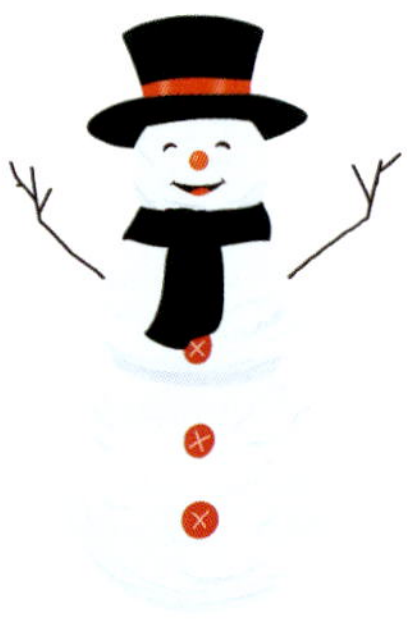

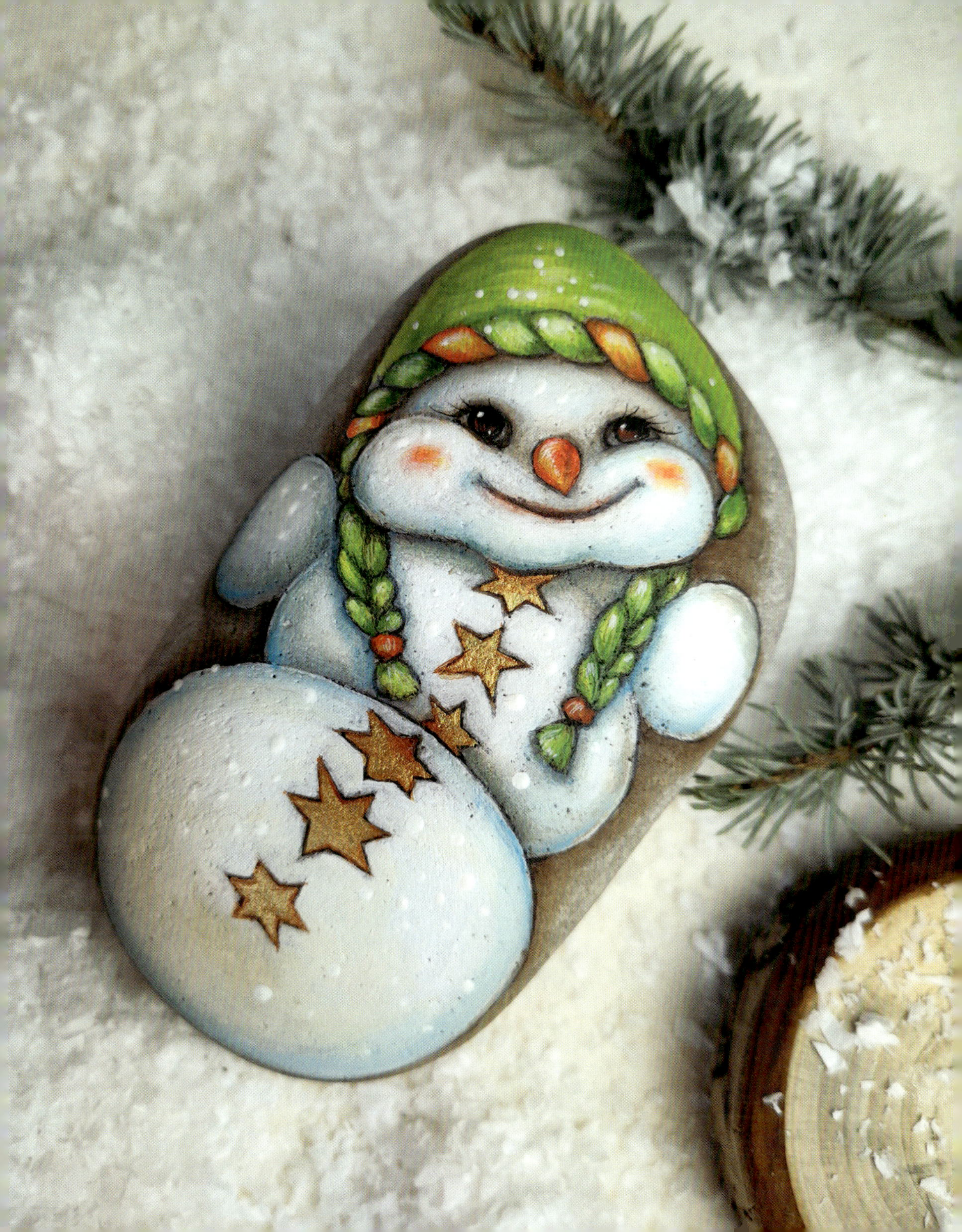

Los geht's

1
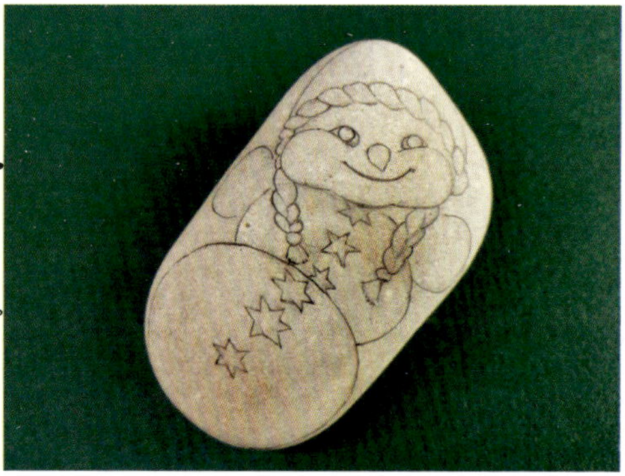

1 Nun kommt wieder die Anzeichnung mit dem Bleistift. Am leichtesten ist der Anfang mit der Kugel in der Mitte und dann die beiden anderen Kugeln dazu.

2
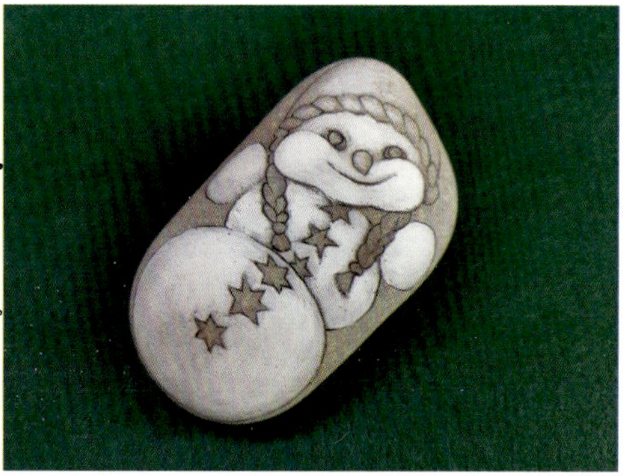

2 Je nachdem wie dunkel dein Stein ist, beginnst du mit der Farbe Weiß und bringst am besten gleich zwei, drei Schichten Farbe auf.

3
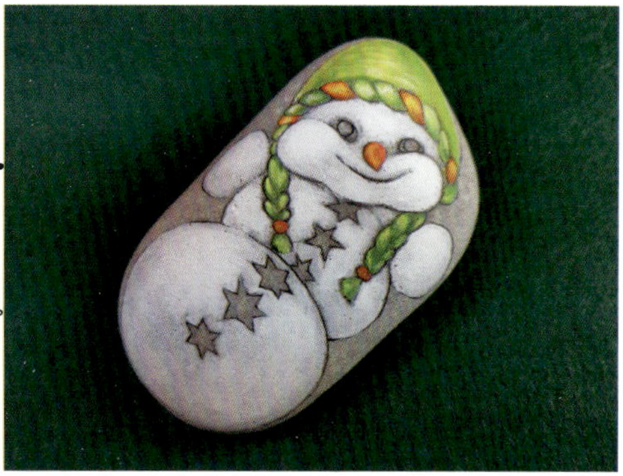

3 Los geht es mit der grünen Farbe, und damit sie gleich ein wenig Dreidimensionalität bekommt, nimmst du die gelbe Farbe noch an den hellen Stellen dazu. Für die Nase und den orangen Teil der Mütze ist Gelb zum Aufhellen genauso gut.

4

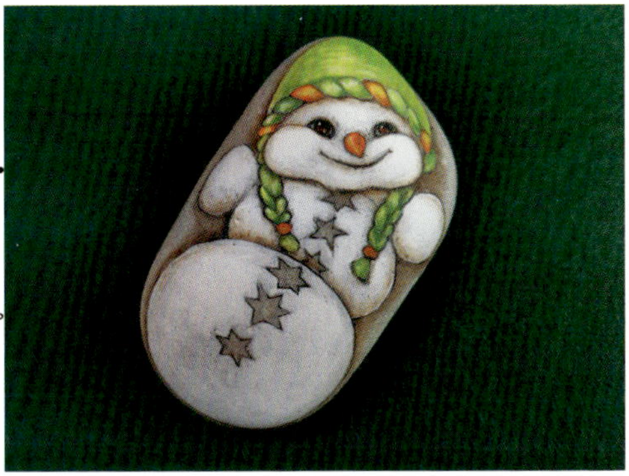

4 Jetzt kannst du mit Braun und Schwarz die Äugelein zum Funkeln bringen, indem du mit Weiß kleine Lichtpünktchen daraufsetzt. Anschließend bekommen die Schneekugeln noch ein wenig Braun und werden dadurch noch kugeliger.

5

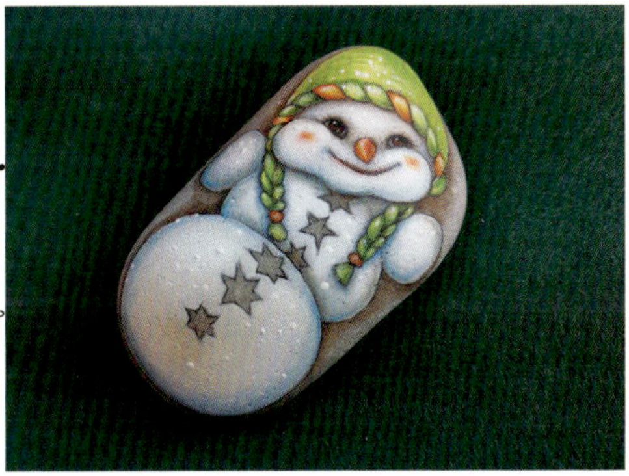

5 Bei diesem Schritt sorgt das Blau für den eisigen Teint, und als Kontrast gibt es mit Orange die leuchtenden Bäckchen. Jetzt noch mit dem Zahnstocher ein paar weiße Schneeflocken obendrauf. Die Flocken kannst du auch ein bisschen dicker werden lassen, das sieht gut aus.

6

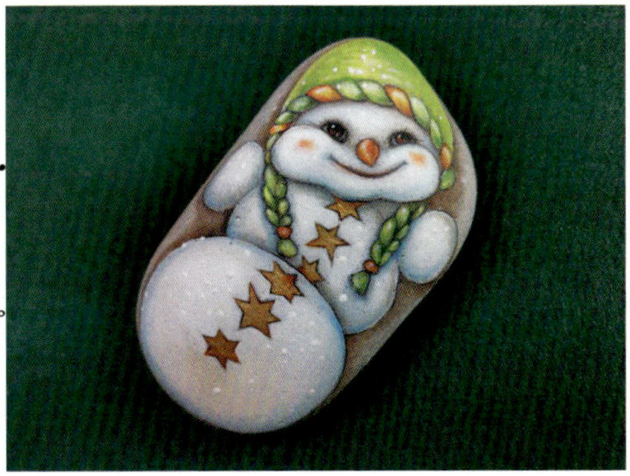

6 Am Ende gibt es noch Gold auf die Sterne. Bei mir ist der goldene Acryllack immer etwas glanzvoller als die goldene Acrylfarbe. Probiere es einfach aus.

Wichtel

Bei diesem Motiv sind folgende Farben nötig: Weiß, Ocker, Gelb, Orange, Rot, Grün, Braun und Schwarz.

Schaukelentspannung brauchen die Wichtelgelenke vom schweren Tragen der großen Geschenke.

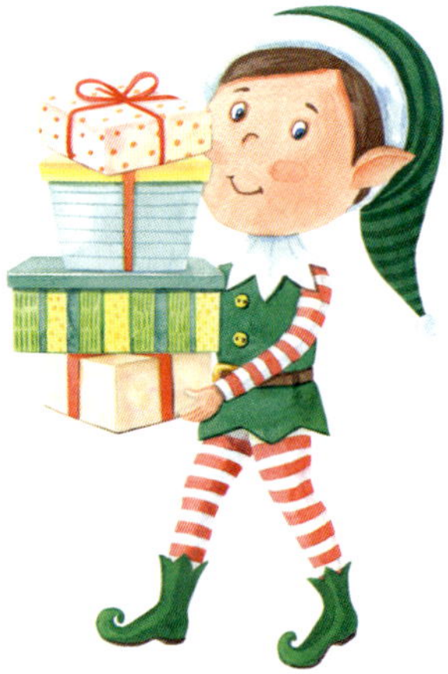

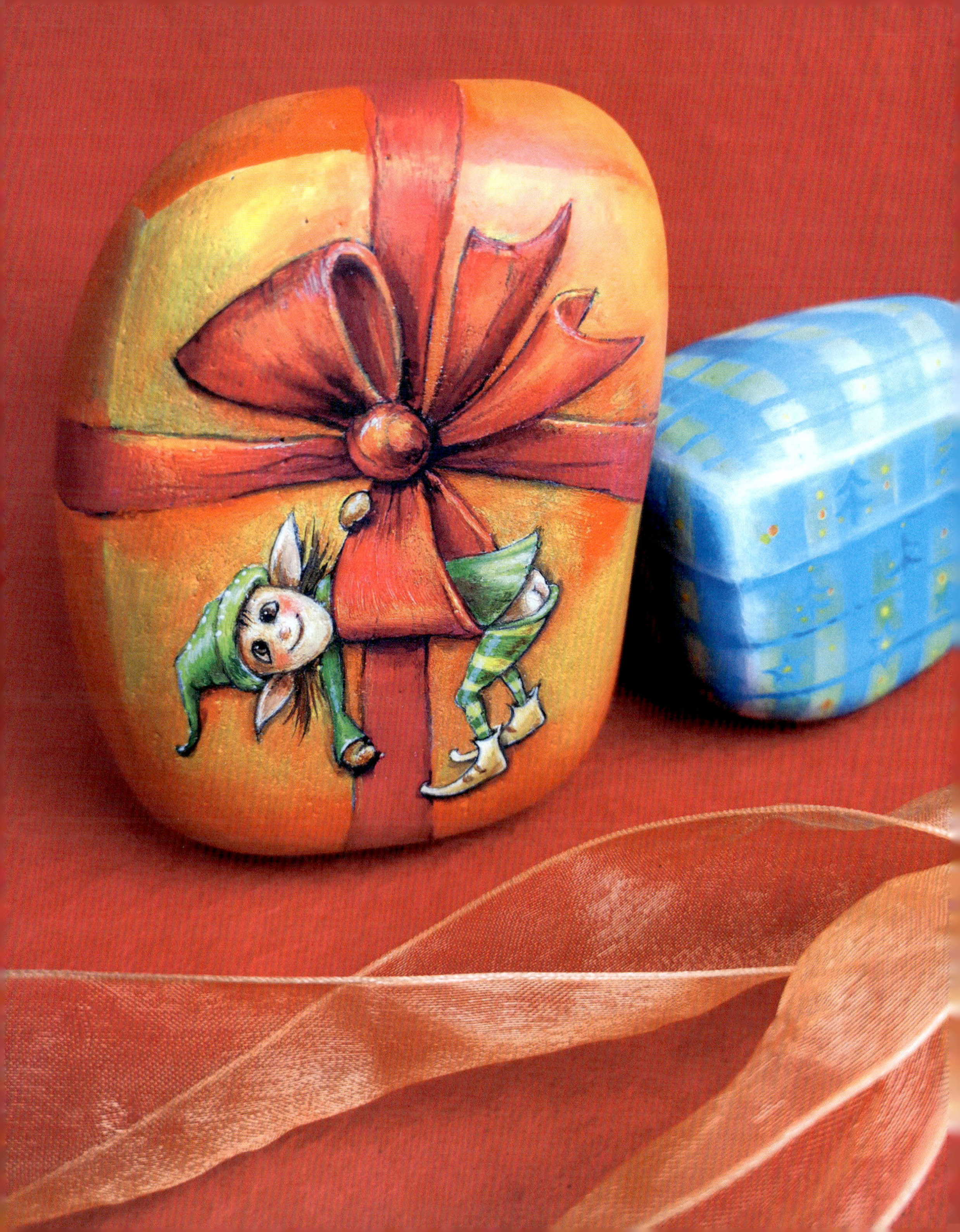

Los geht's

1
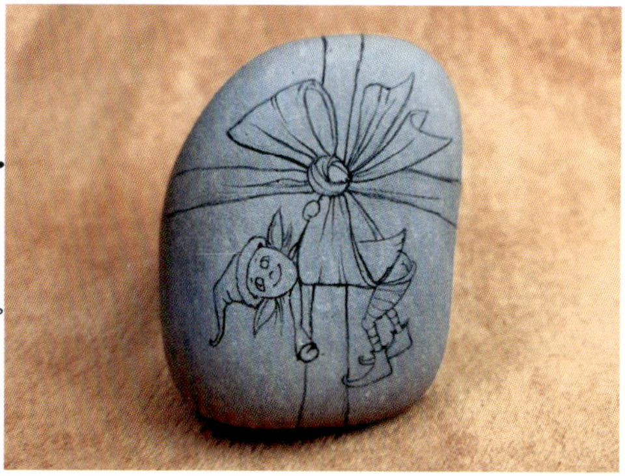

1 Vielleicht hast du Glück und findest einen möglichst rechteckigen Stein für dieses Motiv und kannst bei dem ersten Schritt darauf deine Bleistiftzeichnung starten.

2
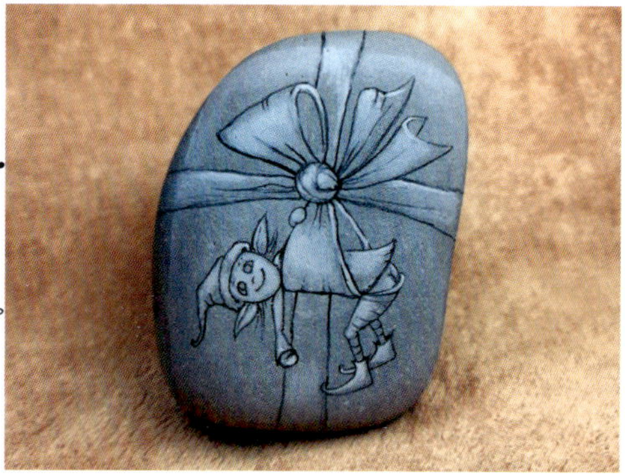

2 Danach kommt die Farbe Weiß als Grundierung dazu. Hier habe ich bewusst das später orange Geschenkpaket nicht mit Weiß unterlegt, um die Farbe etwas weniger leuchten zu lassen.

3
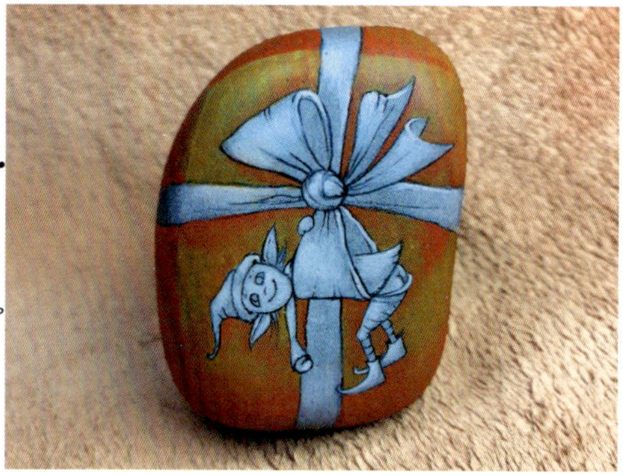

3 Nun kannst du die Farben Gelb und Orange auftragen.

4
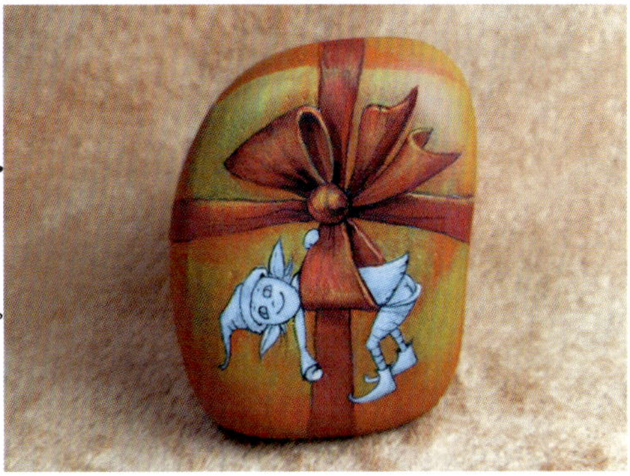

4 Die Schleife ist entstanden mit den Farben Rot und Orange und einem dunklen Braunton. Die dunklen Stellen würde ich sehr dezent einsetzen, um die Leuchtkraft vom Rot nicht verschwinden zu lassen.

5
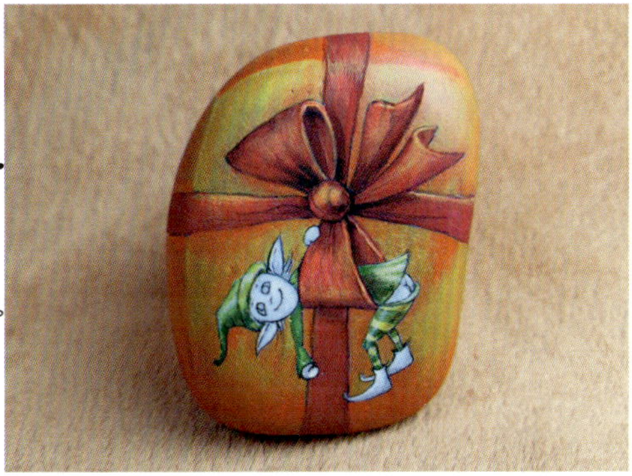

5 Für die Kleidung nimmst du dir die Farben Gelb, Weiß, Grün und ein dunkles Braun. Die Hose kannst du am besten erst komplett gelb malen und danach die grünen Streifen daraufsetzen.

6
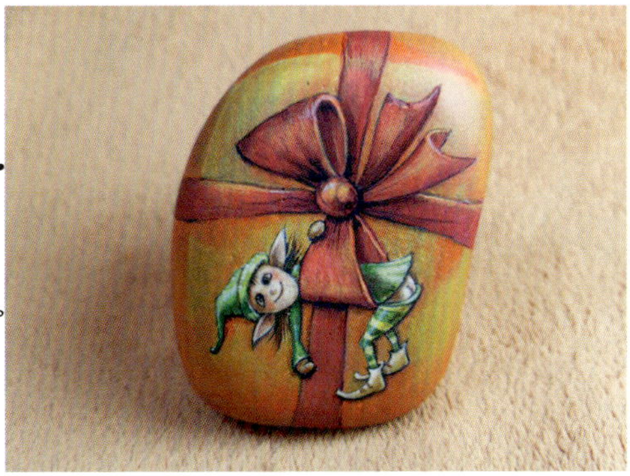

6 Mit Weiß, Ocker, Orange und Braun sind die Farbtöne für die Haut entstanden. Der feinste Pinsel malt mit Braun und Schwarz die Äugelein und ein paar lustig abstehende Haare. So, nun hoffe ich, du bist jetzt genau so entspannt und zufrieden wie dein Wichtel.

Mützenkatze

Jetzt kannst du dir die Farben Weiß, Ocker, Rot, Orange, Rotbraun und Schwarz nehmen.

Ein Weihnachtsmützchen
ist ein kuscheliger Ort,
und liegt das Kätzchen erst mal drin,
mag es von dort nicht so schnell fort.

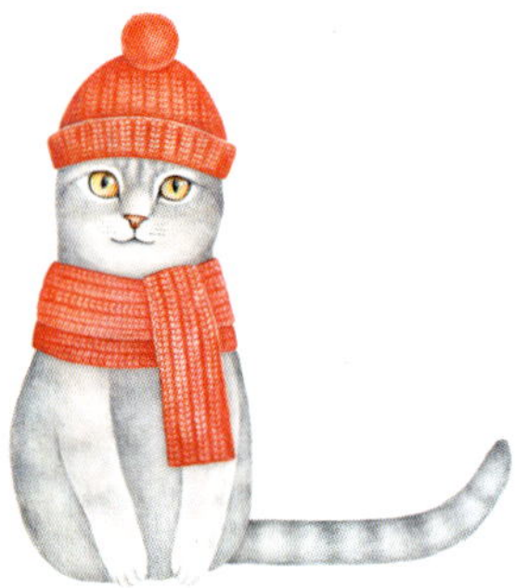

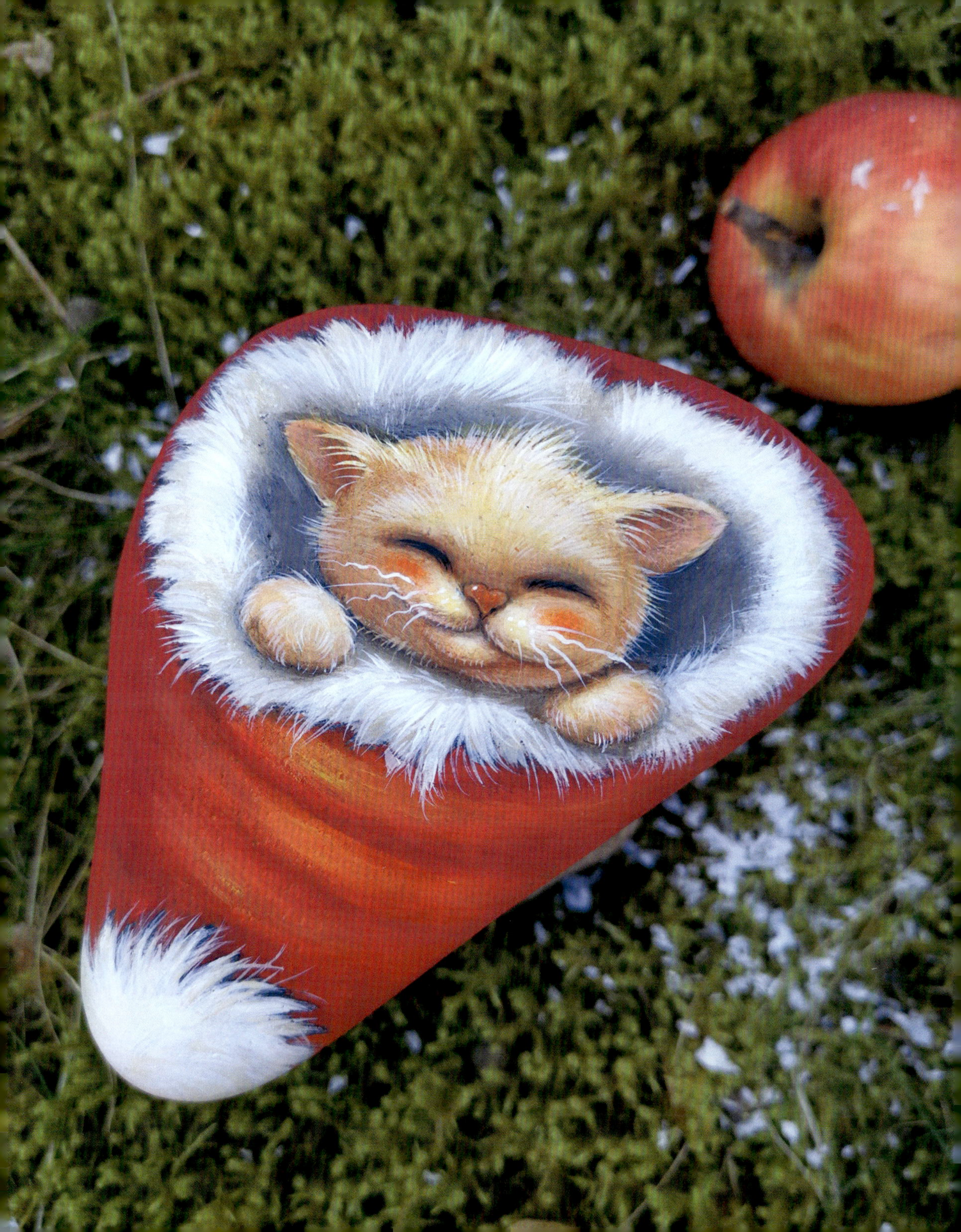

Los geht's

1
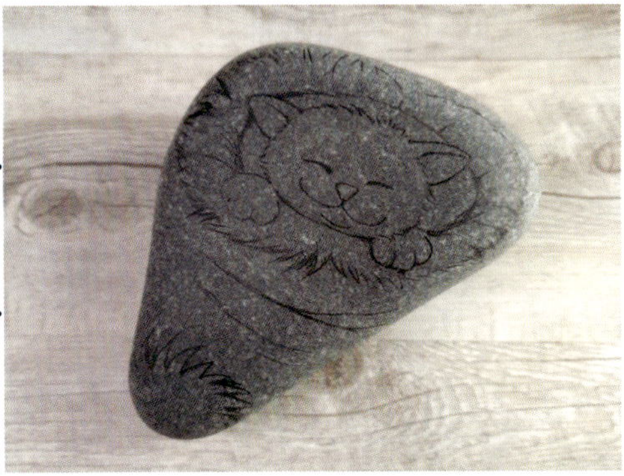

1 Am besten du zeichnest mit dem Bleistift ein Oval für den Mützenrand und darin ein zweites Oval, dem du dann die Ohren anzeichnest.

2
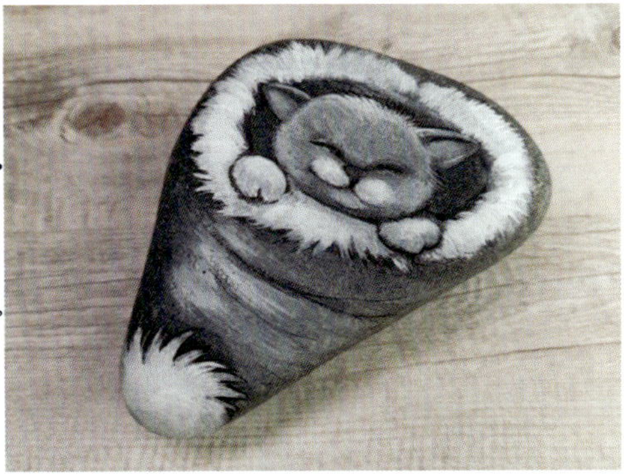

2 Beginne wieder mit Weiß und nimm für die Bommel und den Rand ruhig zwei Farbschichten zusätzlich. Ein strubbeliger Pinsel kann dir hier bei der Fellstruktur helfen. Und wenn dein Stein sehr dunkel ist oder deine rote Farbe nicht so gut deckt, dann nimm an der Mütze auch etwas mehr Farbe.

3
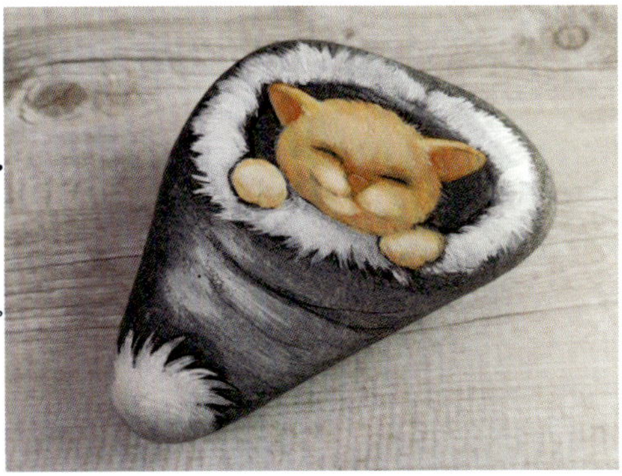

3 Für das schlafende Kätzchen habe ich für das Fell Ocker, Rotbraun und weiße Farbe verwendet. Für die Augen kannst du Schwarz nehmen.

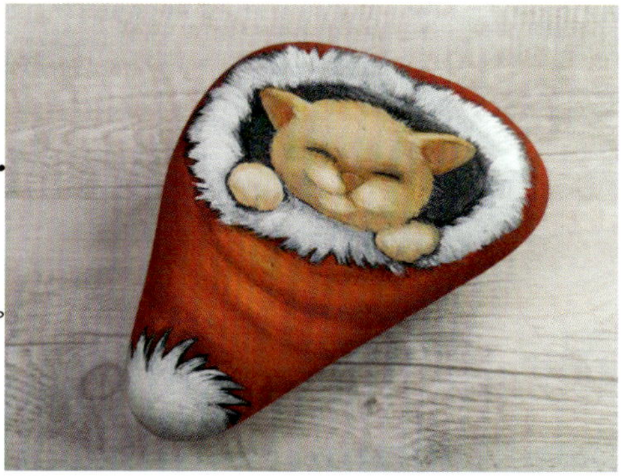

4

4 Jetzt kommt dein Rot zum Einsatz, und an den helleren Stellen der Mütze nimmst du noch Gelb dazu. Weiße Farbe würde ich nicht empfehlen, weil die Mütze dann eher rosa aussehen würde statt rot. Nur ein kleiner Hauch von Schwarz ist für die dunkleren Stellen da.

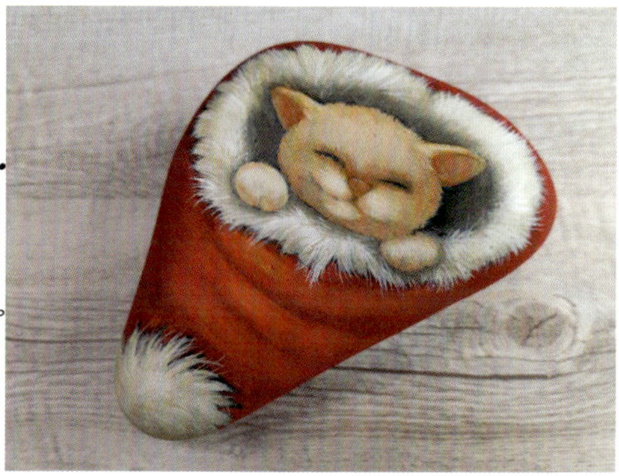

5

5 Weiß, Ocker und ein wenig Schwarz sind die Farben, die du für die Tiefe der Mütze brauchst. Der Mützenrand und die Bommel bekommen ein flauschiges Aussehen, indem du mit Weiß und Ocker einzelne Haare betonst. Nimm dir dafür deinen feinsten Pinsel.

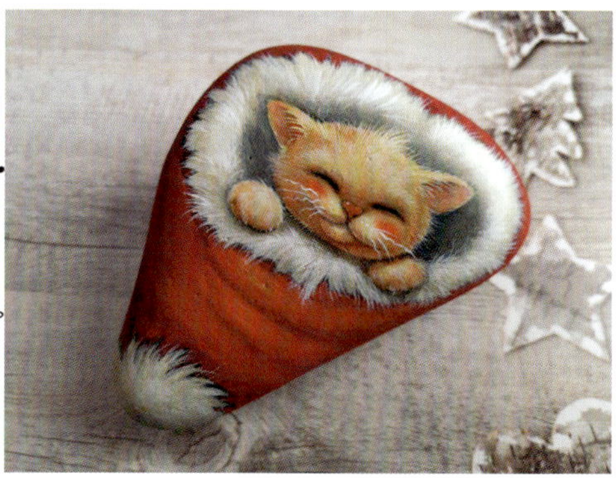

6

6 Das Kätzchen freut sich jetzt auch auf ein bisschen mehr Fellhaare und auf seine kleine rote Herznase. Die Leuchtkraft der Bäckchen erzielst du am besten mit einem orangeroten Farbton.

Landschaft

Für dieses Motiv brauchst du die Farben Weiß, Ocker, Gelb, Blau, Braun und Schwarz.

Genieße den Zauber dieser Winternacht, wo draußen noch der Schneemann wacht und leise lacht.

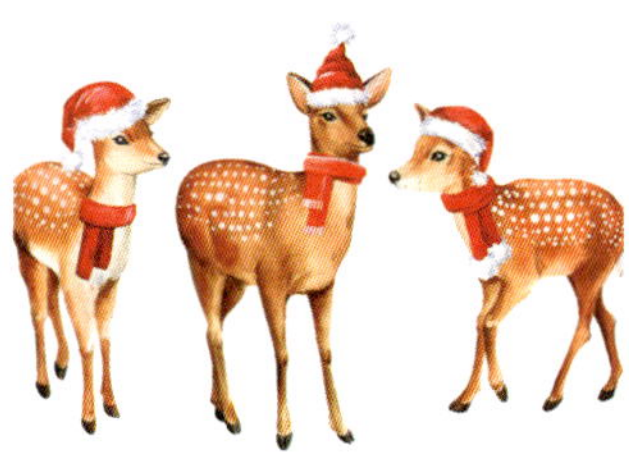

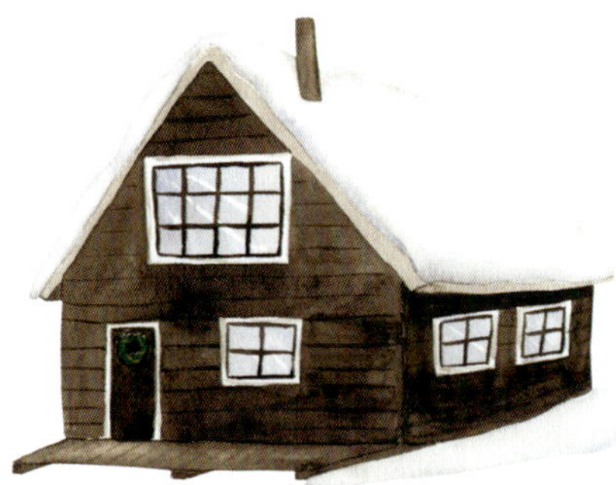

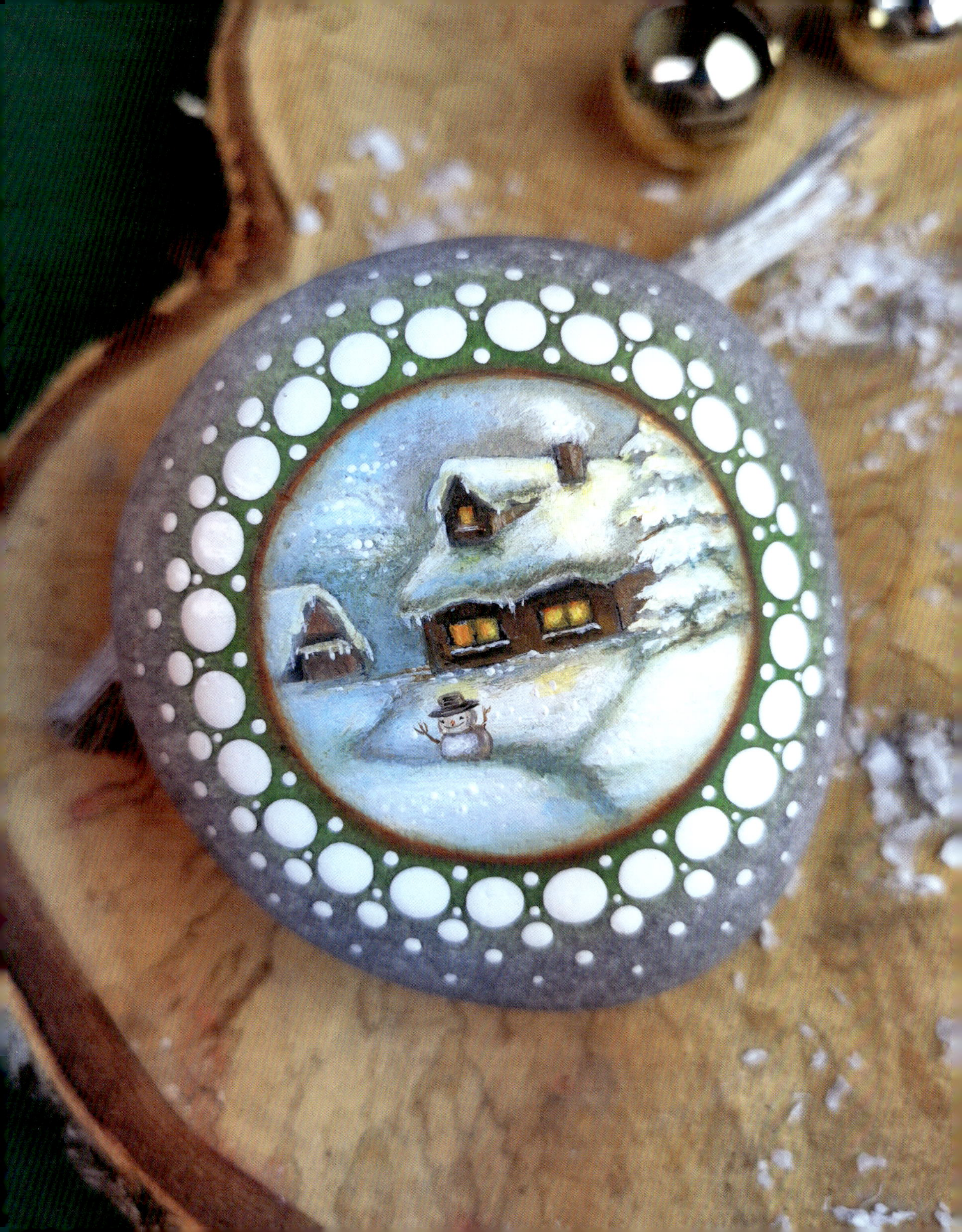

Los geht's

1
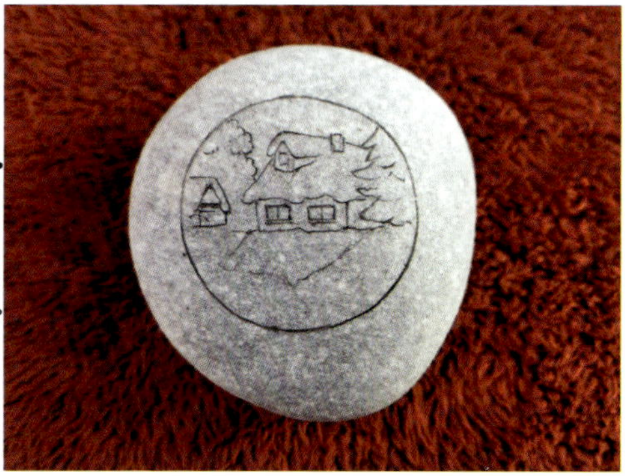

1 In deinem Haushalt findest du bestimmt einen runden Gegenstand, um einen schönen Kreis zu malen und anschließend die kleine Landschaft mit dem Bleistift anzuzeichnen.

2
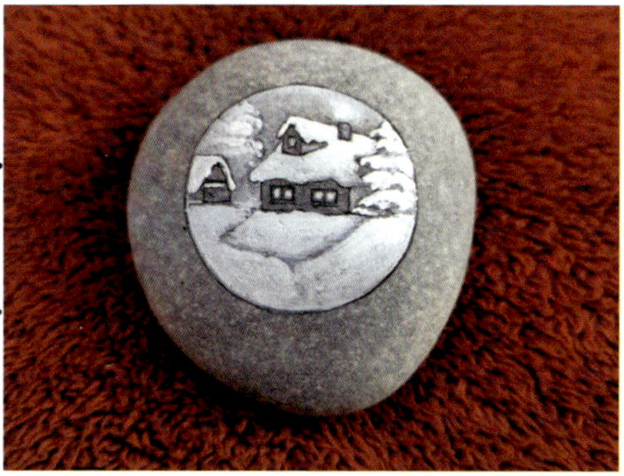

2 Danach beginnst du mit mehreren Schichten weißer Farbe, deine Landschaft entstehen zu lassen.

3
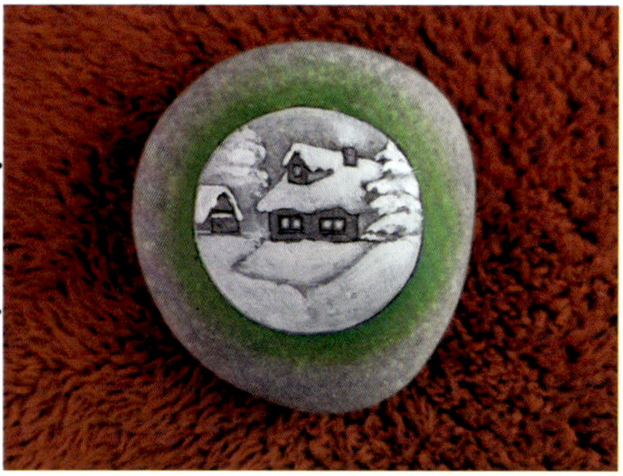

3 Um den Kreis kommt die Farbe Grün, die nach außen hin einen sanften Übergang zum Stein bekommt. Verdünne dafür deine Farbe nach außen hin mit Wasser.

4
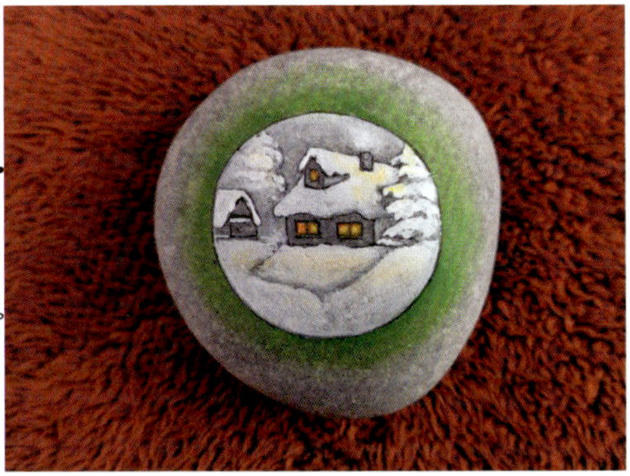

4 Jetzt kommt Licht in die Landschaft, indem du ein warmes Gelb verwendest. Eine Pinselspitze Orange kann zu deinem Gelb dazukommen und am Fensterrand habe ich noch ein Rotbraun verwendet.

5
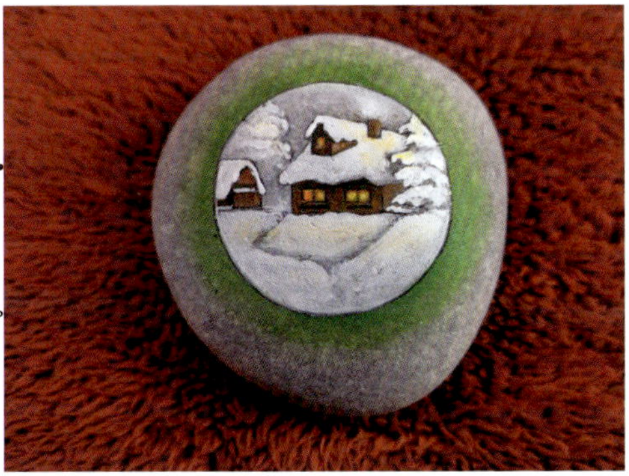

5 Braun, Gelb und Schwarz sind die Farben für diesen Malschritt.

6
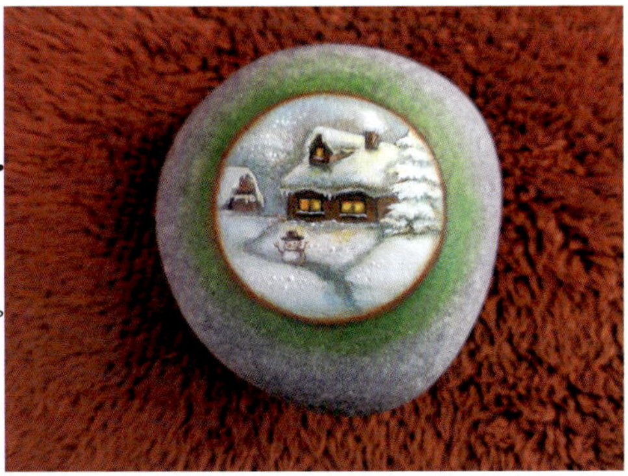

6 Schnee hat viele Farben, und daher nimmst du dir jetzt Weiß, Ocker, Blau und Braun für den schattigen Bereich. Die Farbe Schwarz würde ich hier nur für den Hut des Schneemanns nehmen.

Weiter geht's

7

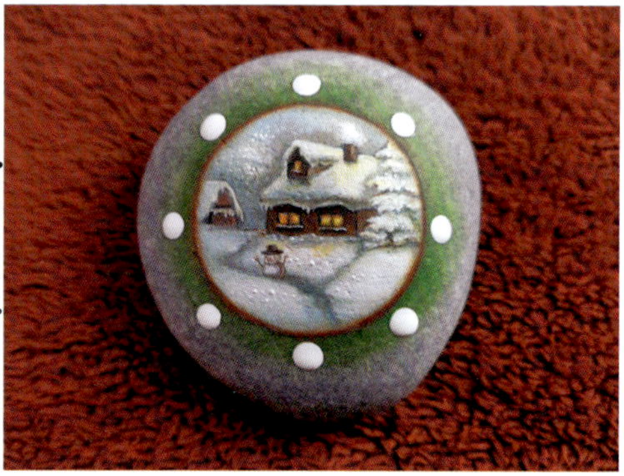

7 Jetzt kannst du mit dem Pinselstiel und dem weißen Acryllack dicke Punkte um den Rand tupfen. Dabei ist es hilfreich, nach einem Punkt immer erst den gegenüberliegenden zu setzen.

8

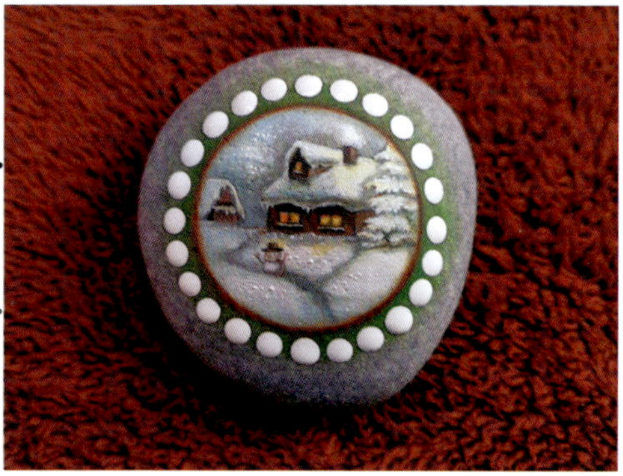

8 In jede Lücke kommen jetzt jeweils zwei Punkte.

9

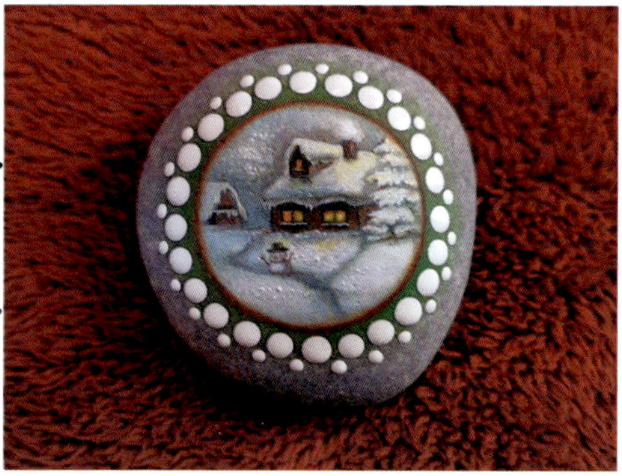

9 Mit einem dünneren Pinselstiel kommen nun zwischen die dicken Punkte noch kleinere.

10

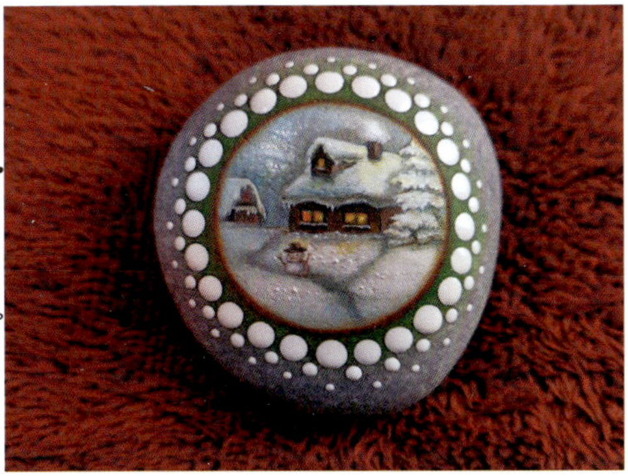

10 Bei der nächstkleineren Runde von Punkten kannst du schon auf einen Zahnstocher umsteigen.

11

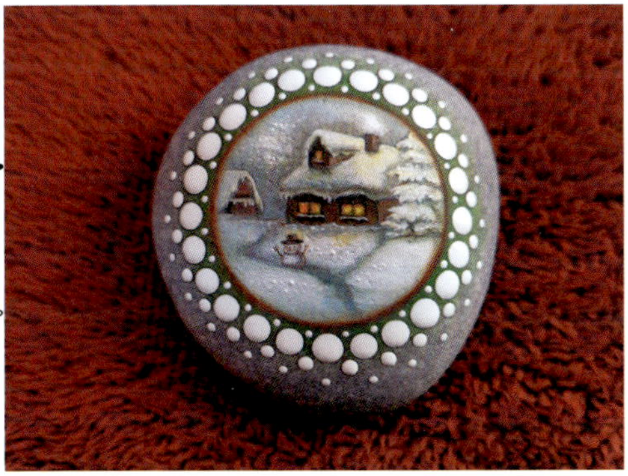

11 Hier kannst du mit deinem Zahnstocher kleine Punkte für den inneren Bereich setzen.

12

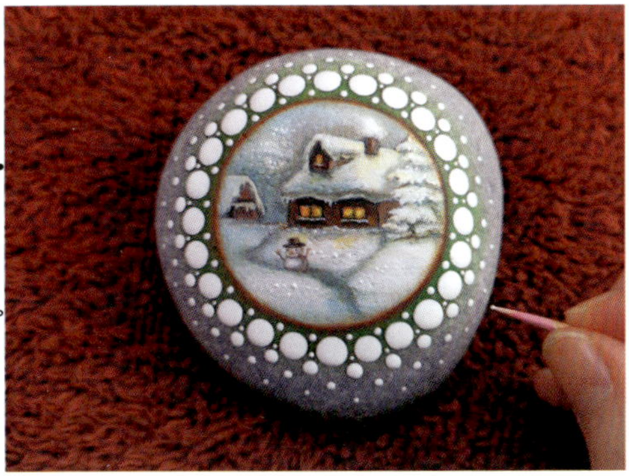

12 Und wenn auf deinem Stein noch Platz für weitere Pünktchen ist, kannst du dein Motiv mit noch kleineren Pünktchen vollenden.

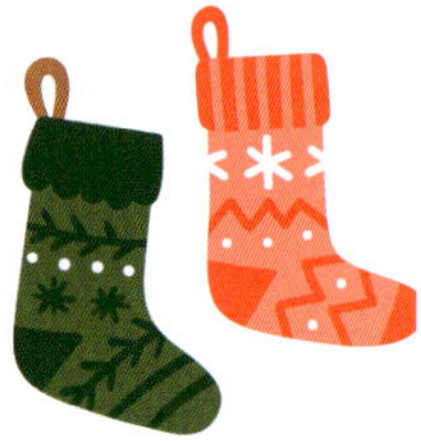

Nikolaus

Hier empfehle ich dir die Farben Weiß, Ocker,
Braun, Schwarz, Grün, Gelb und Rot.

*Ganz leise schleicht der Nikolaus
von einem Haus zum andern,
und richtig glücklich ist er dann,
weil er so viel verschenken kann.*

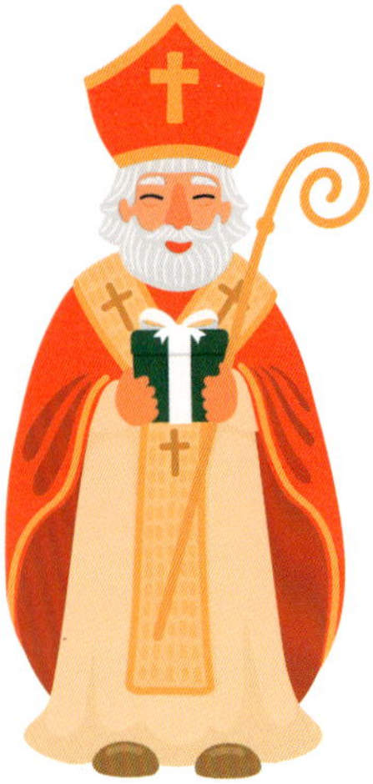

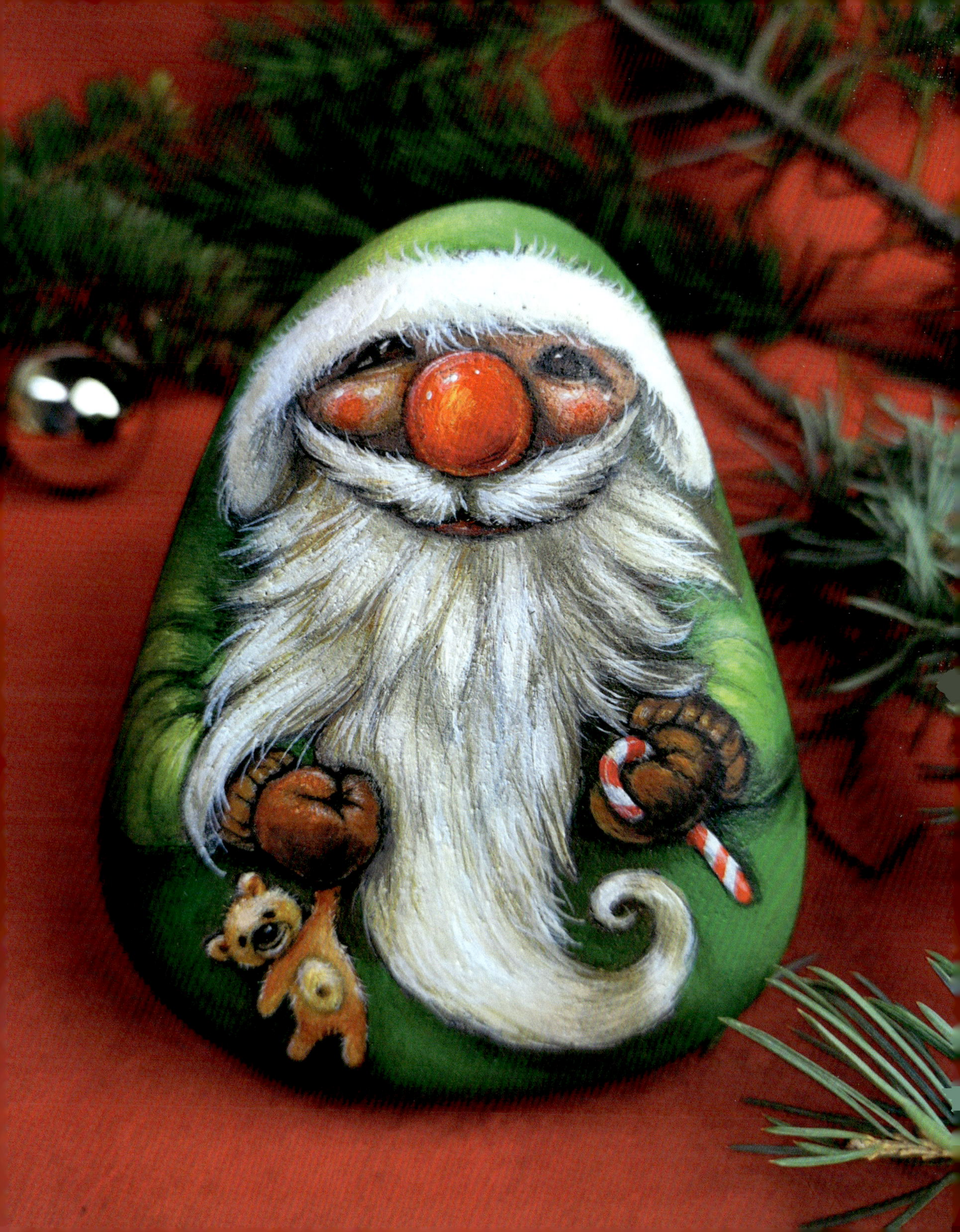

Los geht's

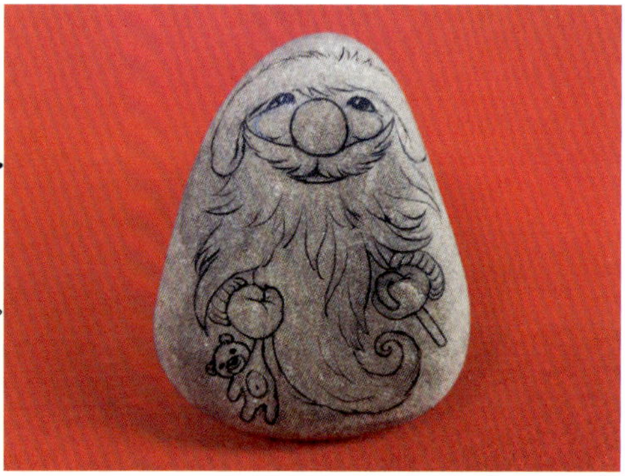

1 Ein stehender Nikolaus macht sich hier sehr gut, und wenn der Stein dabei konisch zuläuft ... umso besser. Mit dem Bleistift kannst du deine Vorzeichnung beginnen. Mein Tipp: Wenn du kleinere Steine hast, lasse einfach die Hände, Teddy und Zuckerstange weg, denn der Nikolaus mit Bart wird auch ohne diese Details lustig.

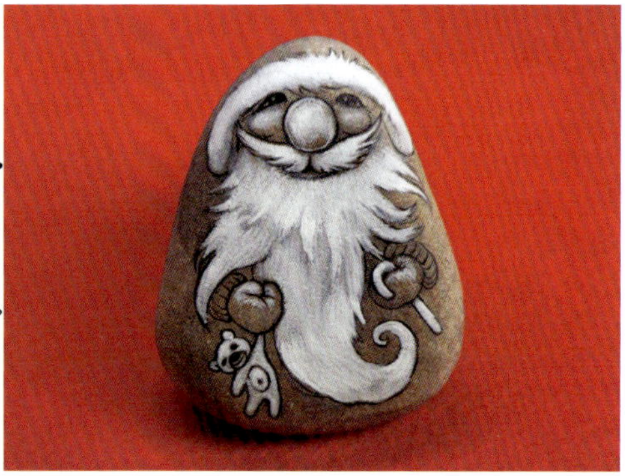

2 Bestreiche alle hellen Stellen mit weißer Farbe. Bart und Mützenrand können ruhig zwei oder drei Schichten bekommen.

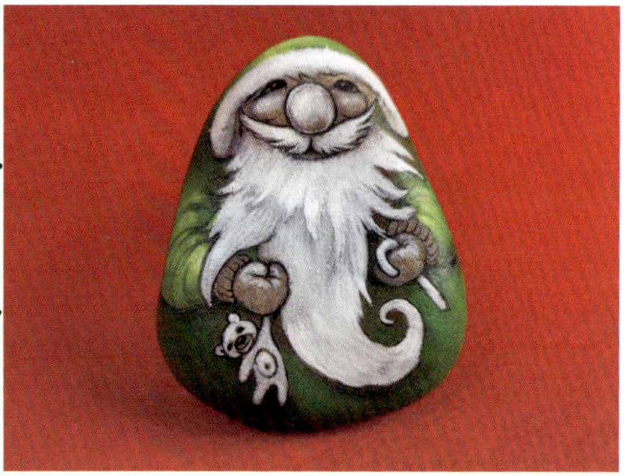

3 Hier darf der Kleine als Nächstes seinen Mantel anziehen. Dafür nimmst du dir ein Grün, das du an den dunklen Stellen mit Braun mischst, für die hellen Stellen nimmst du Gelb dazu.

4

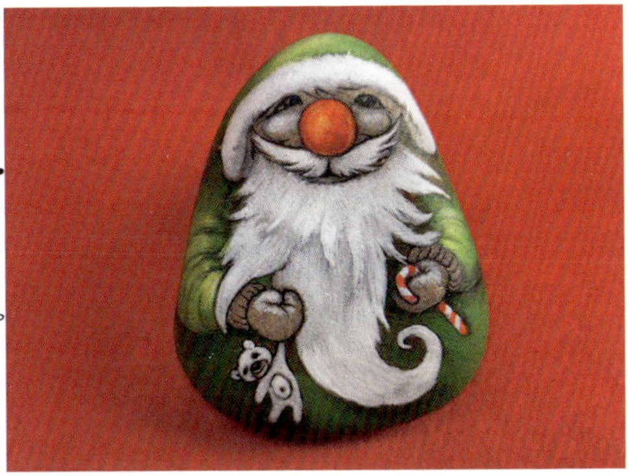

4 Nun kommt die rote Farbe dran, diese kommt in Streifen auf die Zuckerstange und auf die runde Nase. Damit die Rundung an der Nase entsteht, kommt zusätzlich noch Gelb dazu.

5

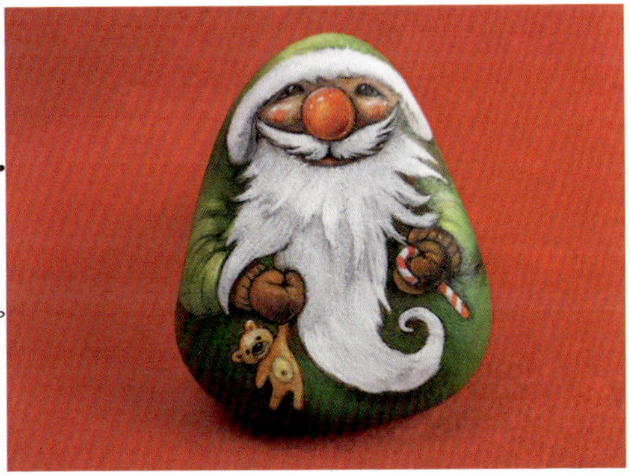

5 Jetzt kommen alle Bereiche mit Ocker und Braun dran. Bei den Handschuhen kannst du noch Schwarz verwenden. Der Teddybär braucht zusätzlich noch weiße Farbe zum Ocker. Dieselben Farben kommen auch ins Gesicht, nur für die Bäckchen kommt noch ein Orangerot dazu.

6

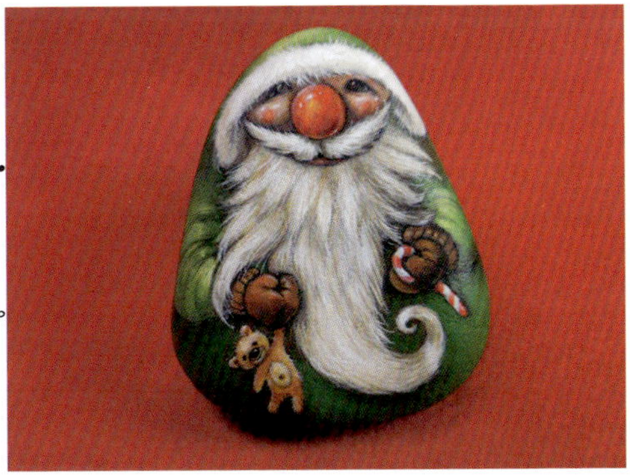

6 Nimm jetzt deinen feinsten Pinsel, denn nun kommt die Feinarbeit. Ocker ist zum Abtönen des Bartes besonders gut geeignet, und auch der Teddy kann diese Farbe für sein Fell gebrauchen. Vergiss nicht, kleine weiße Lichtpünktchen ins Gesicht zu platzieren, denn das macht den Ausdruck so schön lebendig.

Lebkuchenmännchen

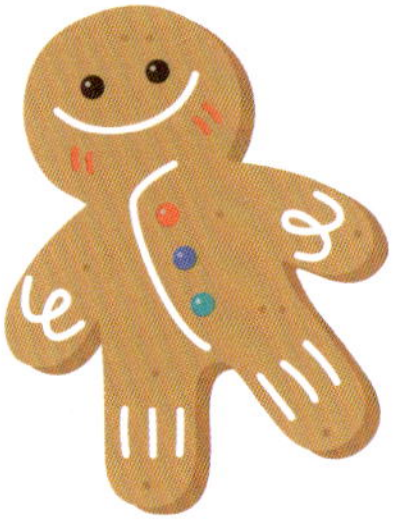

Nimm dir jetzt die Farben Weiß, Ocker, Braun, Rot, Schwarz und eine goldene Lackfarbe.

Mit diesen lustigen Schleckermäulern kannst du dir dein Leben versüßen, nimm Farbe und Pinsel, und schon kannst du sie begrüßen.

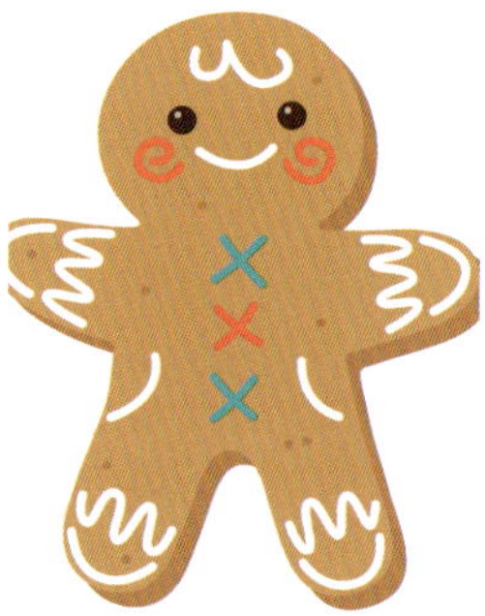

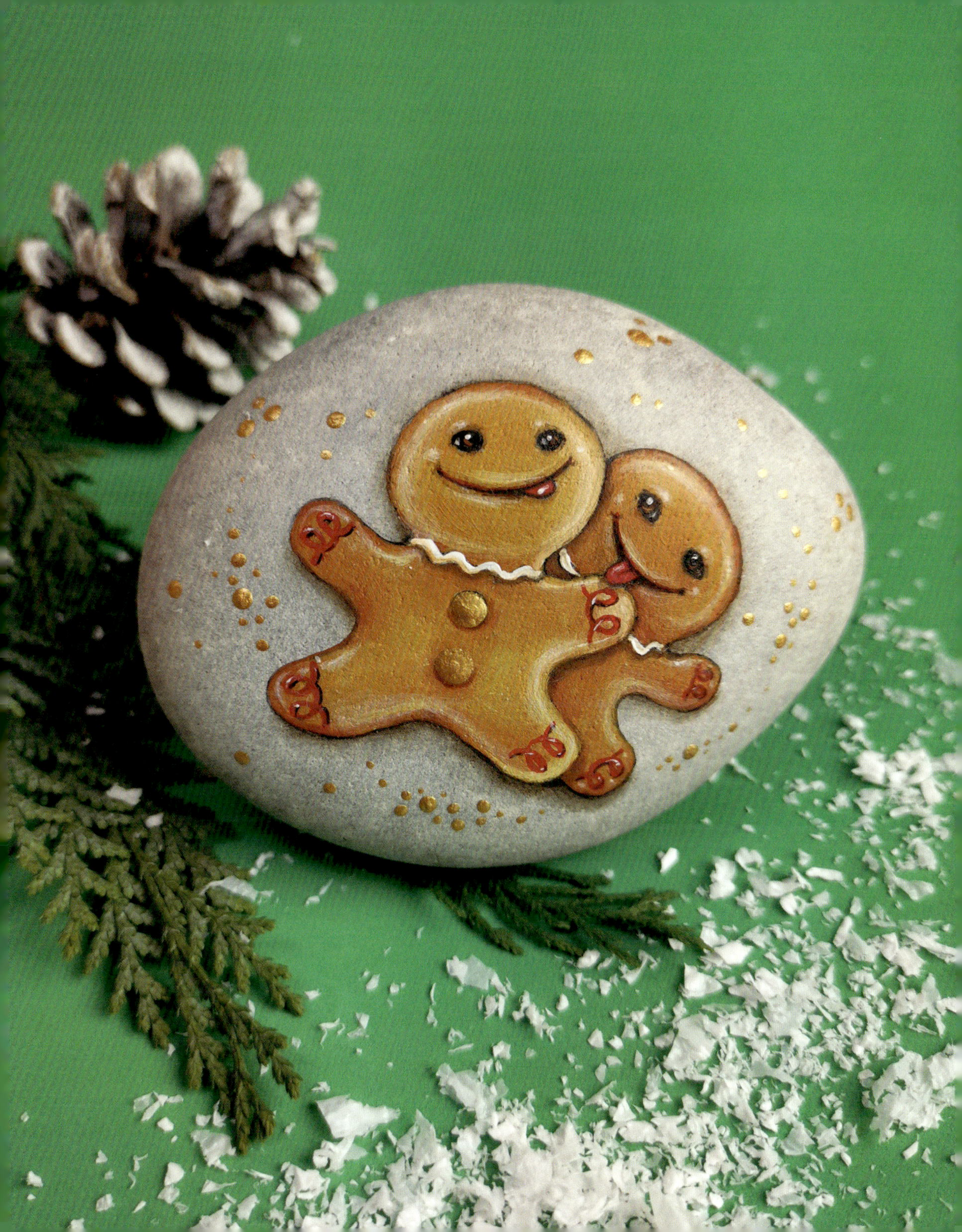

Los geht's

1
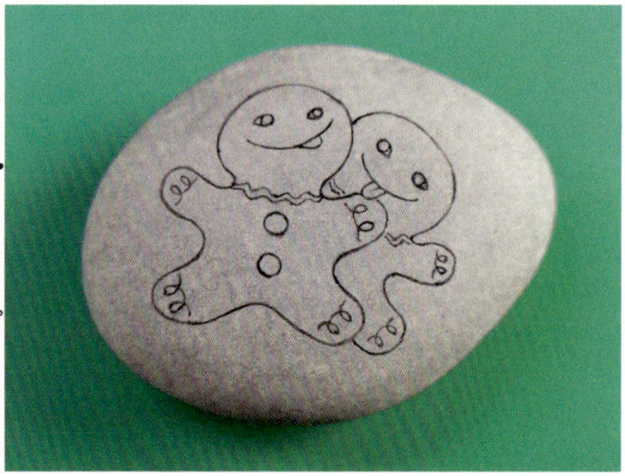

1 Schnapp dir deinen Bleistift und beginne mit der Vorzeichnung auf deinem Stein. Die kleinen Kringel an den Händen und Füßen kannst du auch gerne später anzeichnen.

2
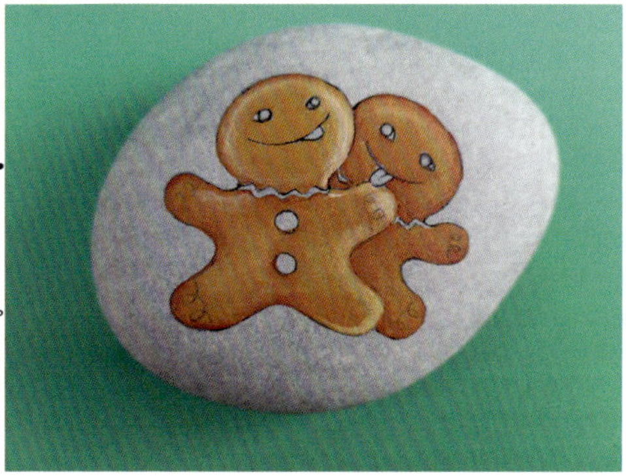

2 Mit Ocker, Weiß und Braun werden die Lebkuchenmännchen eingepinselt und achte darauf, dass das dahinterliegende Männchen ein bisschen dunkler wird.

3
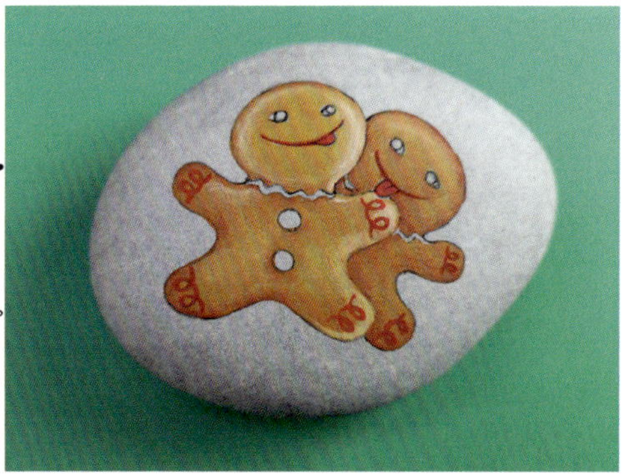

3 Anschließend können die beiden mit roter Farbe ihre Kringel auf Händen und den Füßchen bekommen. Das Rot von Mund und Zunge nicht vergessen!

4

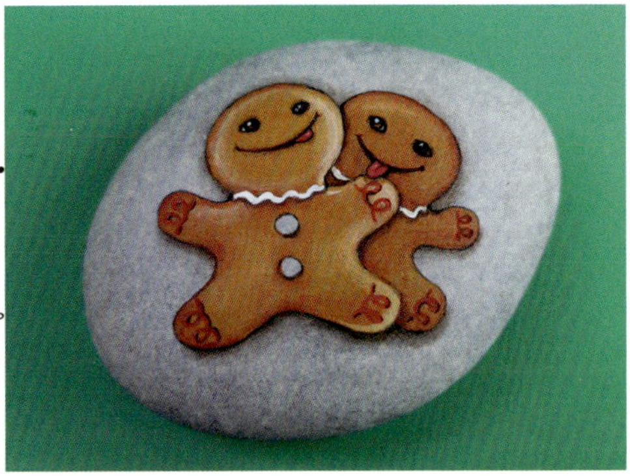

4 Beim nächsten Schritt brauchst du für die Äugelein Schwarz und Braun, und einen Tupfer Weiß setzt du obendrauf als Lichtreflexion. Die Zuckergusslinie strahlt in Weiß, und damit eine Dreidimensionalität entstehen kann, setzt du mit Schwarz und Braun einen Schatten an verschiedene Stellen.

5

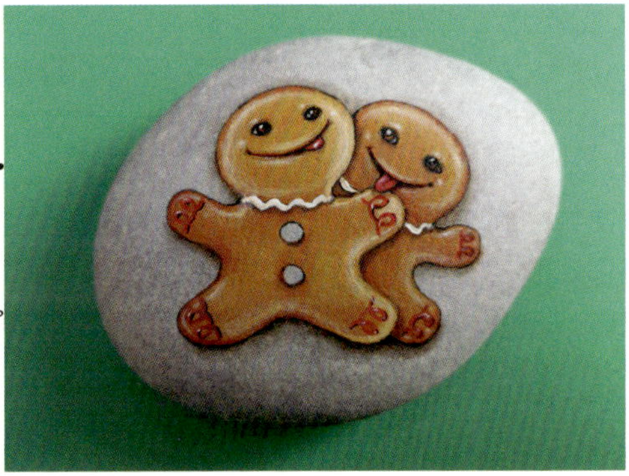

5 Für diesen Schritt brauchst du nur die Farbe Weiß und erzeugst mit diesen hellen Akzenten noch einen schönen Glanz.

6

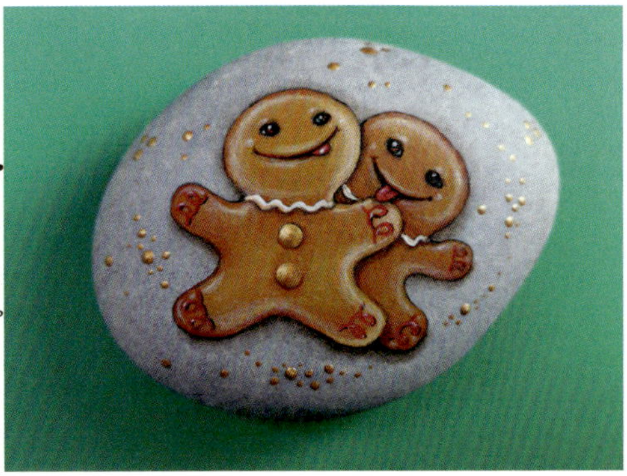

6 Zum Abschluss brauchst du goldene Lackfarbe für die dicken Punkte, die am besten mit deinem Pinselstiel getupft werden.

Eule

Bei diesem Motiv nimmst du dir die Farben Weiß, Ocker, Gelb, Orange, Gold, Rotbraun, Dunkelbraun, Rot, Grün und Schwarz.

Chuhu, die kleine Eule, besinnt sich zum Feste und wünscht ihren Freunden von Herzen das Beste.

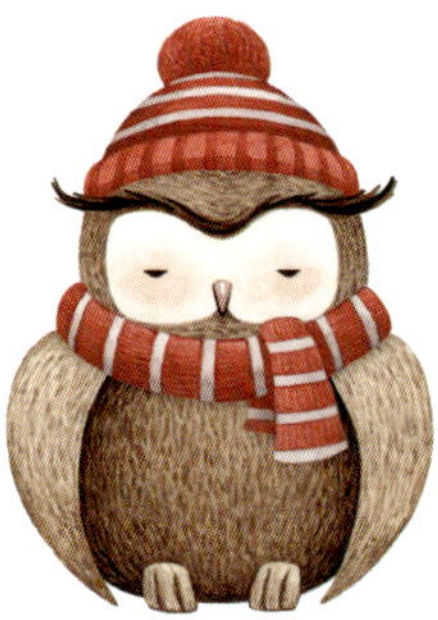

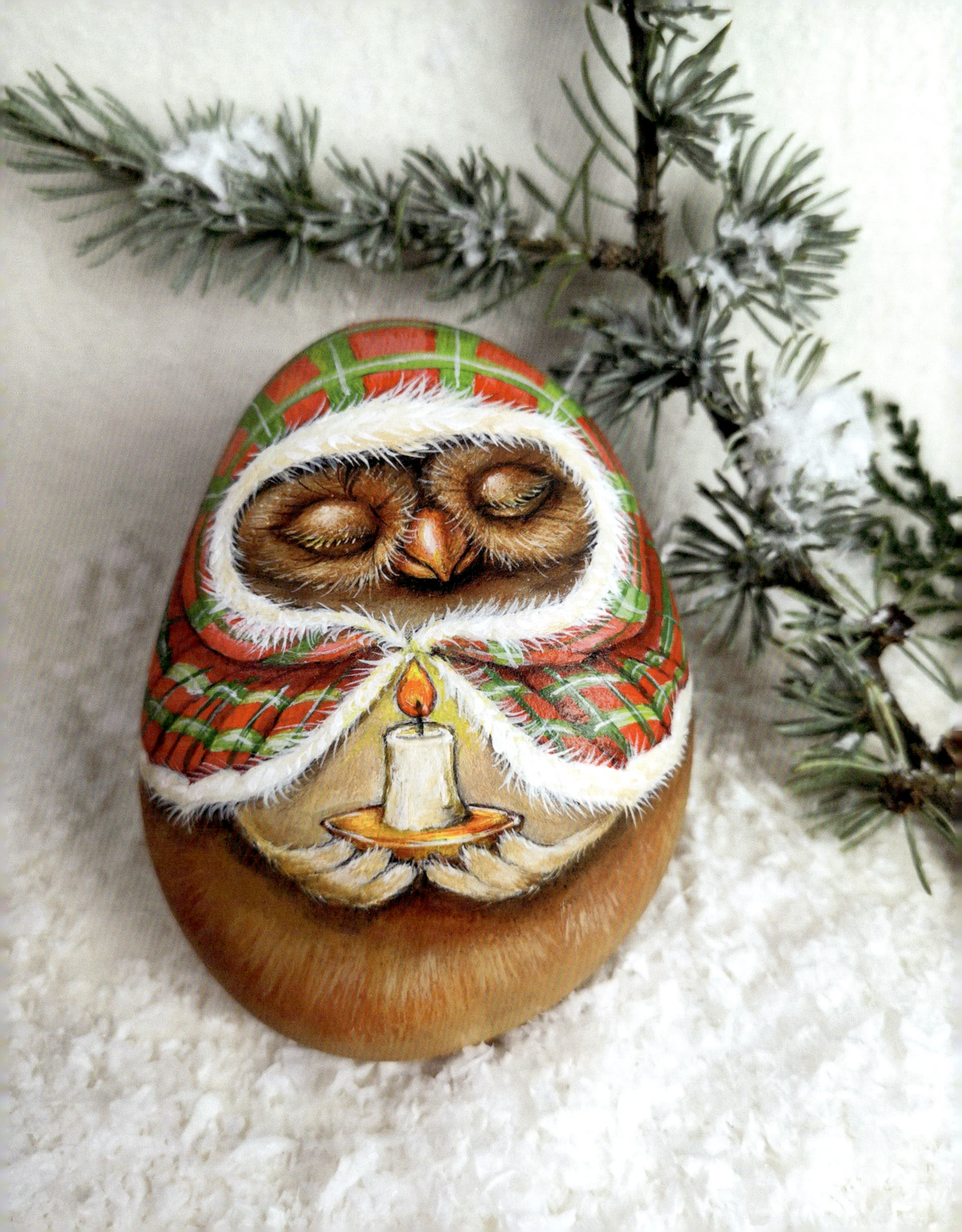

Los geht's

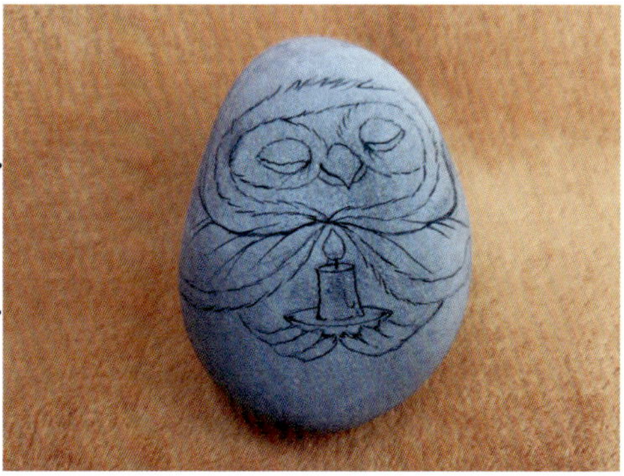

1 Für die Eule ist ein ovaler Stein gut, und wenn er zusätzlich noch steht, ist es besonders schön. Beginne wieder, dir mit dem Bleistift die wichtigsten Linien anzuzeichnen.

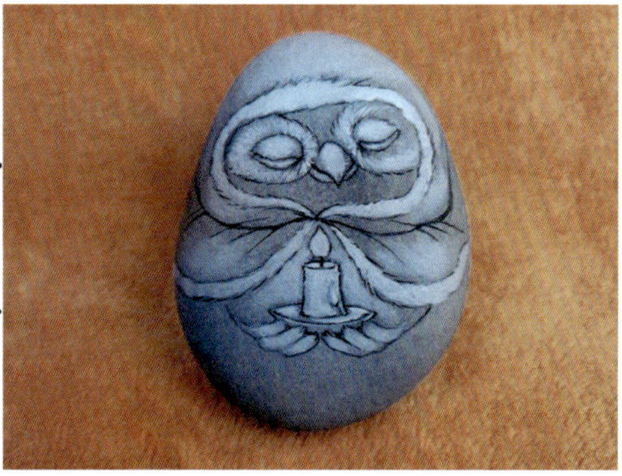

2 Für den zweiten Schritt erhält deine Eule weiße Acrylfarbe, die ruhig auch mehrere Schichten haben kann.

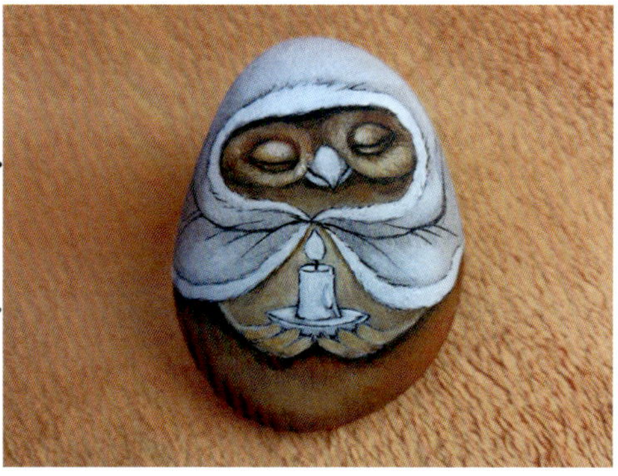

3 Das Federkleid der Eule entsteht mit den Farben Weiß, Ocker, Rotbraun und Dunkelbraun. Wenn du die geschlossenen Augen malst, hilft dir vielleicht der Gedanke, eine Kugel zu malen.

4
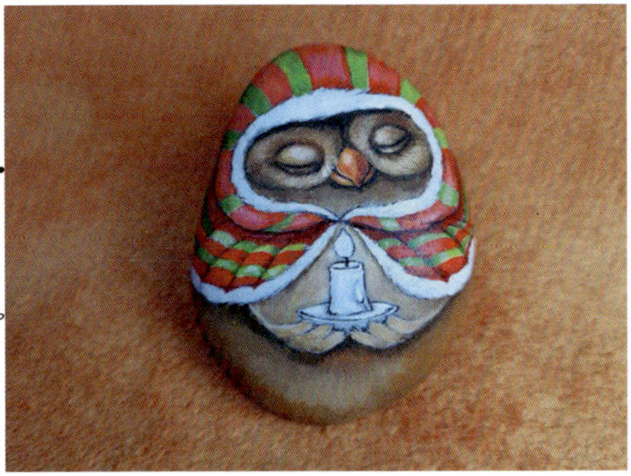

4 Orange und Dunkelbraun hat jetzt der Schnabel bekommen, und für den Umhang nimmst du dir Grün und Rot und konzentrierst dich erstmal nur darauf, gleichmäßige Streifen zu malen.

5
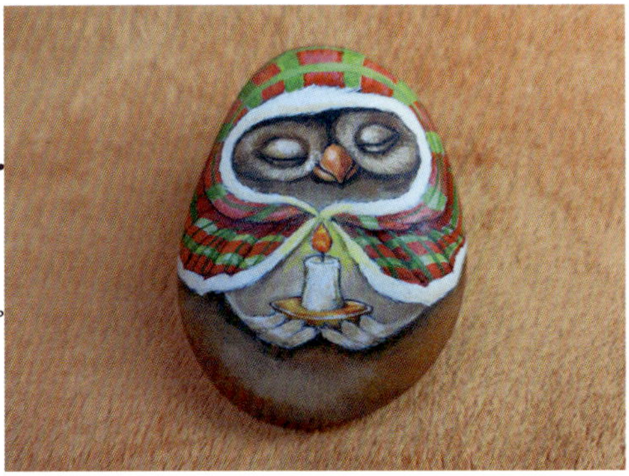

5 Die Flamme entsteht mit einem Pinsel, der zu einer Hälfte rote und auf der anderen Seite gelbe Farbe hat. Gelb und Rotbraun oder Gold nimmst du für die Schale und Ocker und Braun für die Kerze. Die nächsten Schritte für dein Karomuster sind grüne Längslinien.

6
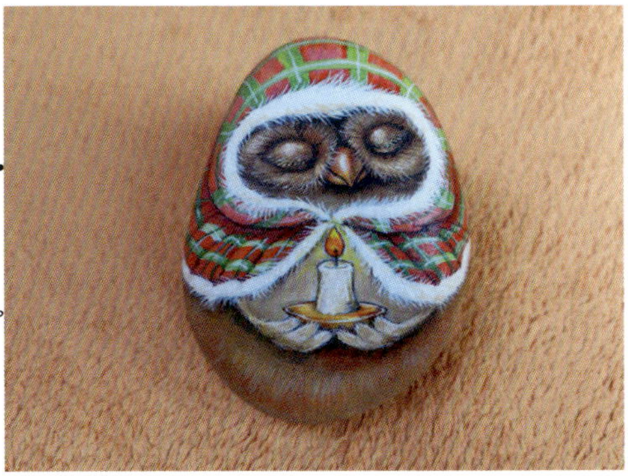

6 Jetzt wird es wieder flauschig, denn dein feinster Pinsel malt überall noch zarte Striche, und auch das Muster wird mit dünnen, weißen Linien zu Ende gemalt. Ich hoffe, dass deine Geduld dir so ein flauschiges Eulchen schenkt mit einem flotten Weihnachtsumhang.

Schneeflocke

Nun brauchst du weißen Acryllack für die Punkte und die Farben Weiß, Schwarz und Orange.

Kleine Schneeflöckchen tänzeln in Herden und träumen davon, ein Schneemann zu werden.

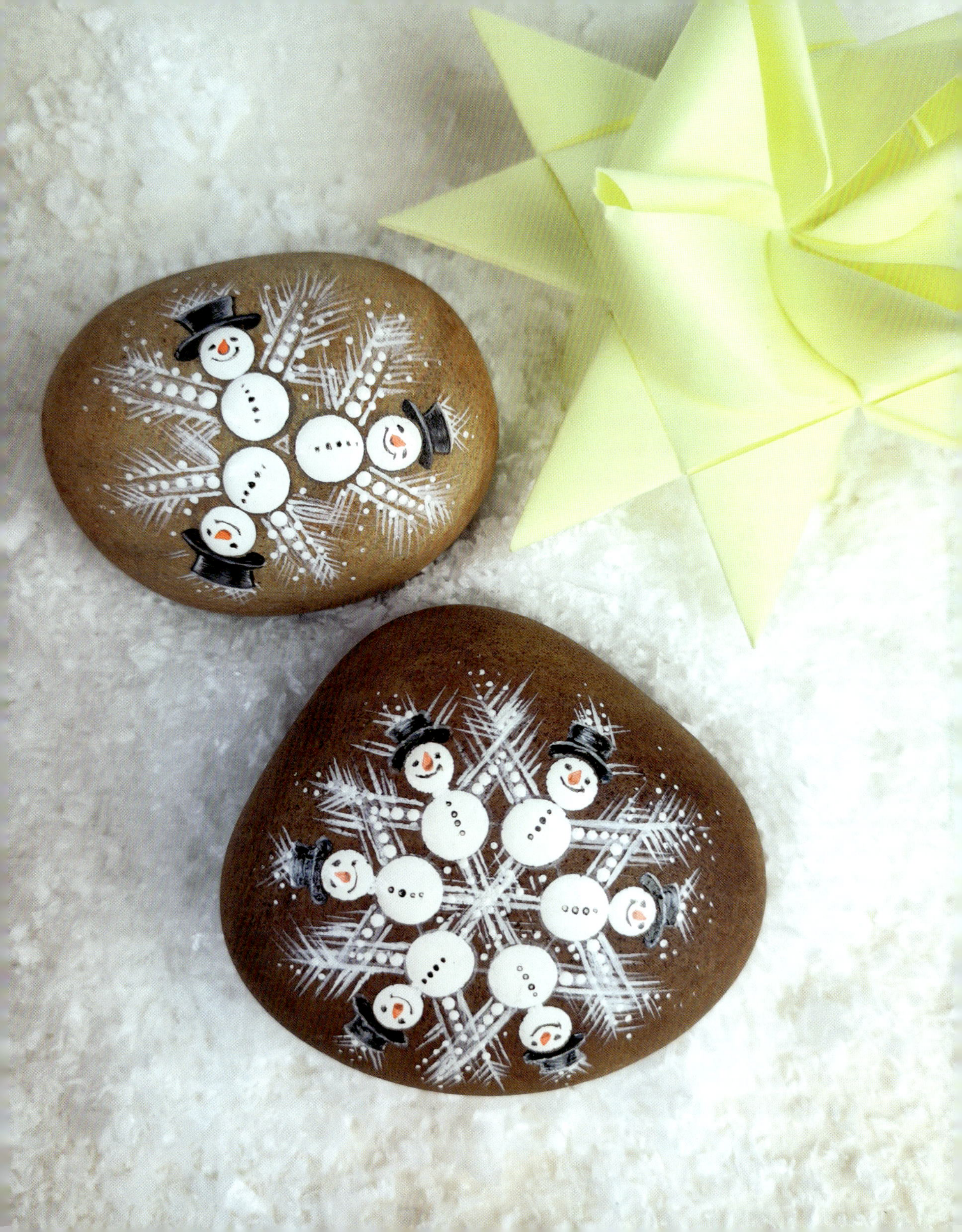

Los geht's

1
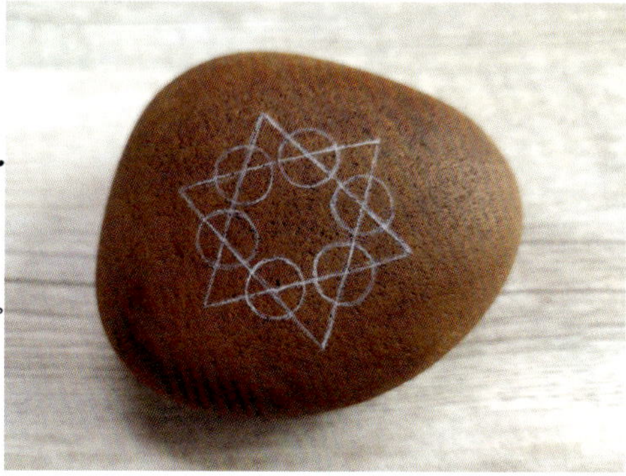

1 Hier habe ich mit einer Vorzeichnung von einem sechszackigen Stern begonnen, um eine gleichmäßige Platzierung der Punkte zu erhalten. Dafür kann man auch gut einen weißen Buntstift nehmen, statt einen Bleistift.

2
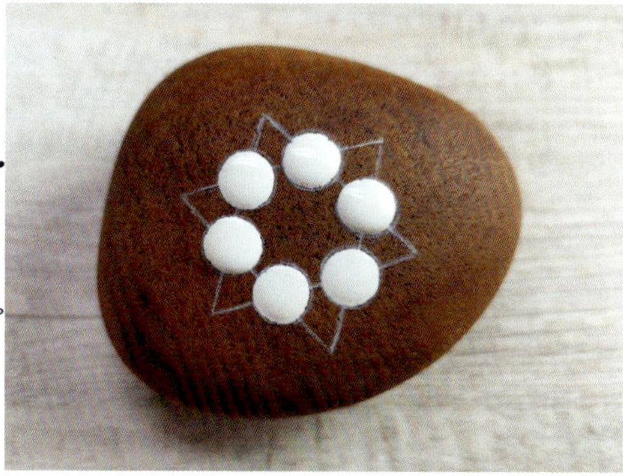

2 Tauche mit deinem dicken Pinselstiel in weißen Acryllack und setze einen Punkt, dann wieder in den Lack tauchen und den nächsten Punkt setzen.

3
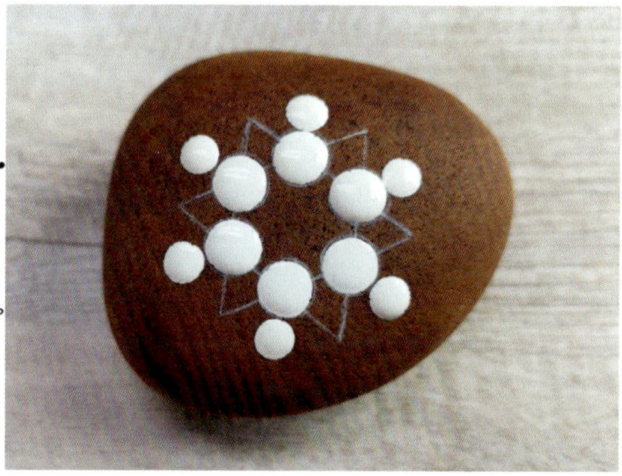

3 Nun kommt ein etwas kleinerer Punkt über den Ersten. Leichter geht es, wenn du dafür einen kleineren Pinselstiel nimmst.

4
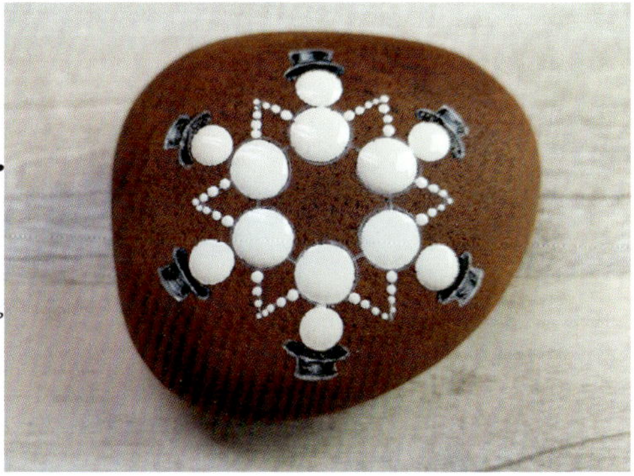

4 Für die kleinen Punkte dient dir ein Zahnstocher, der in den Lack getaucht wird und gleich mehrere Punkte hintereinander machen kann. Der Zylinderhut ist mit schwarzer und weißer Acrylfarbe entstanden.

5
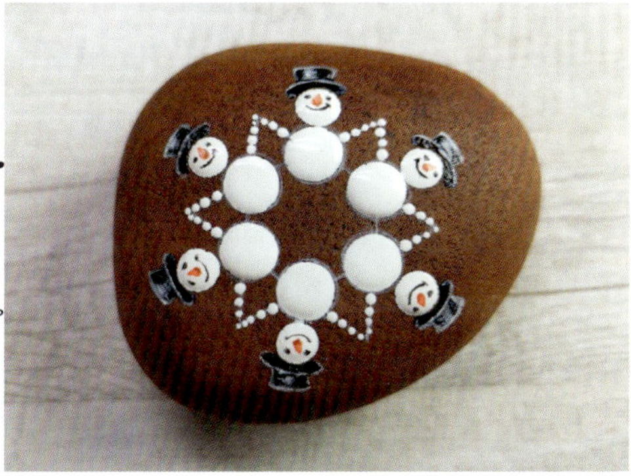

5 Mit Orange setzt du am besten erst die Karottennase und für Mund und Augen nimmst du Schwarz. Ein dünner Pinsel wird dir dabei helfen.

6
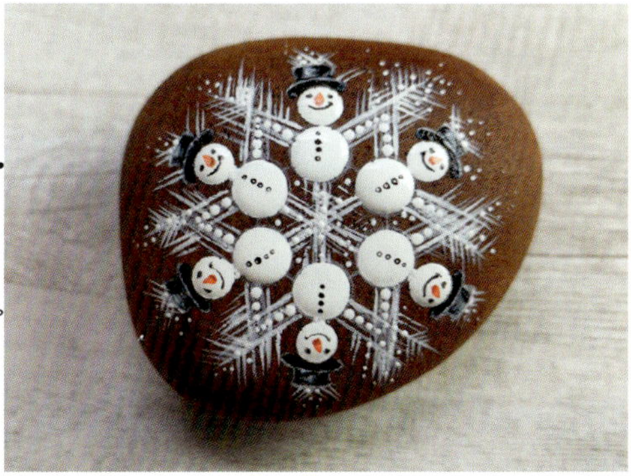

6 Mit einem Zahnstocher entstehen noch ein paar Knöpfe. Jetzt darfst du munter darauflosIegen und viele zarte Linien mit weißer Acrylfarbe malen. So lässt du mit deinem feinen Pinsel die Schneeflocke entstehen.

Wichtelkind

Jetzt kannst du die Farben Weiß, Ocker, Braun, Rot, Grün, Blau und Schwarz gebrauchen.

Das Wichtelkind träumt selig
einen glücklichen Traum,
und kein trüber Gedanke
bekommt dort einen Raum.

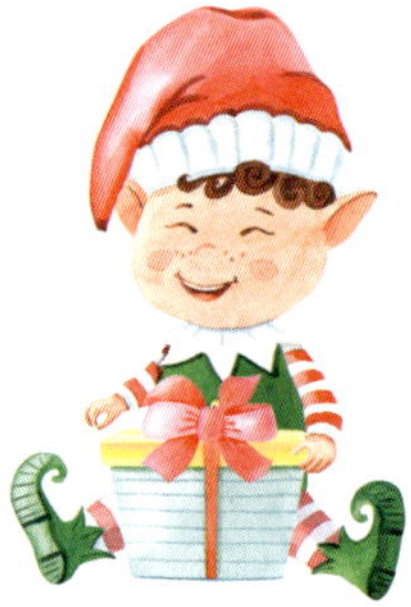

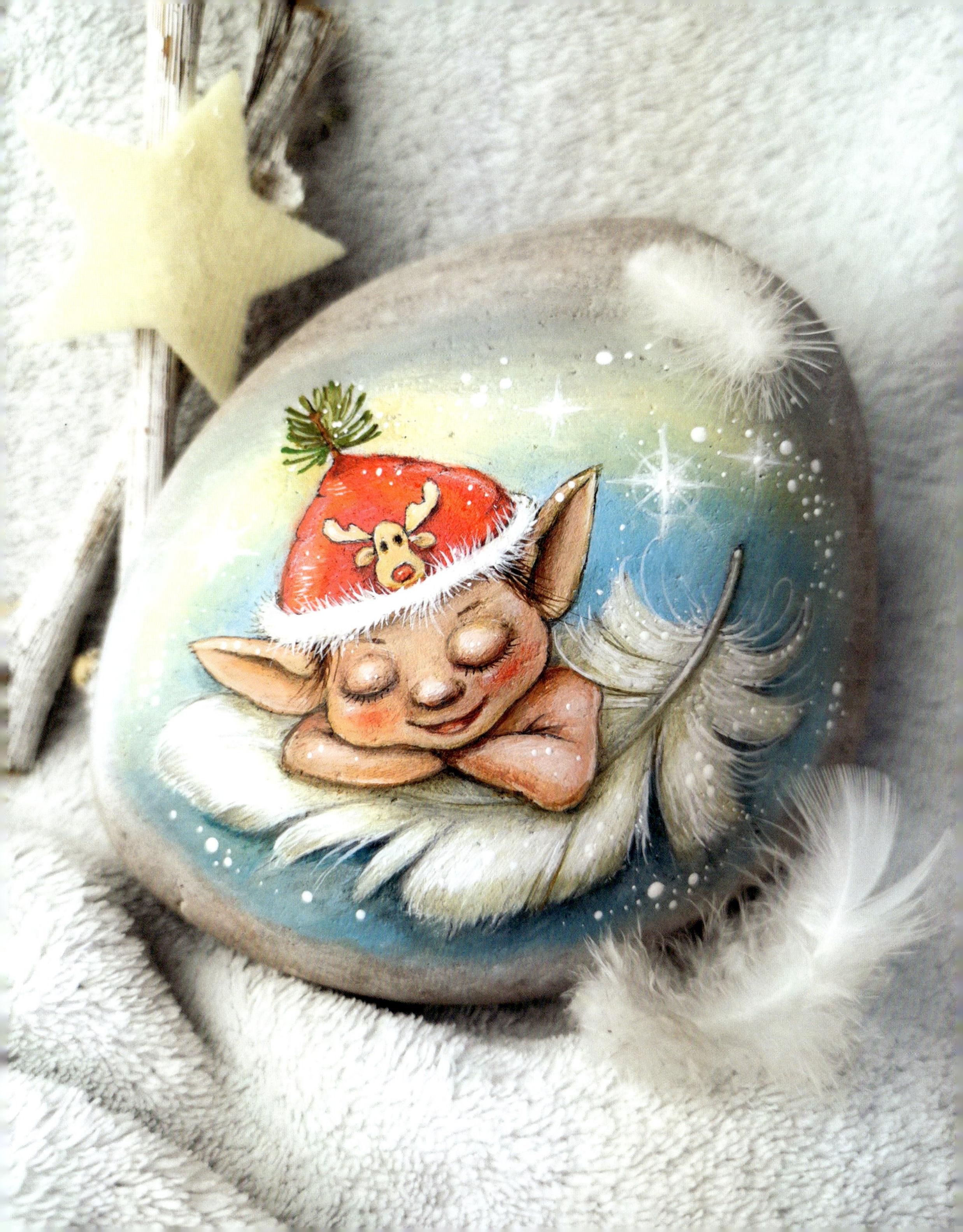

Los geht's

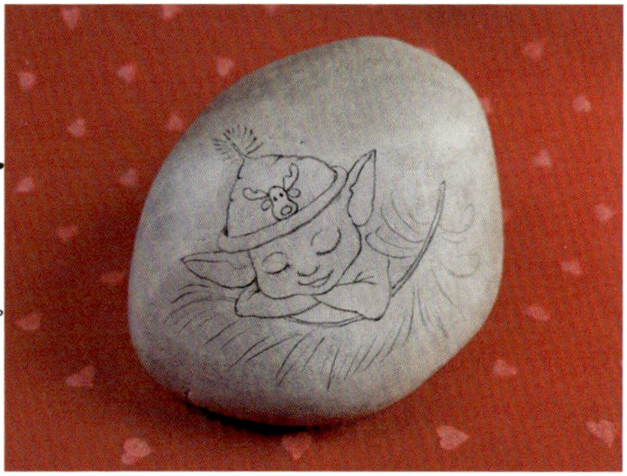

1 Am leichtesten ist es, wenn du mit einer Bleistiftzeichnung auf deinem Stein beginnst.

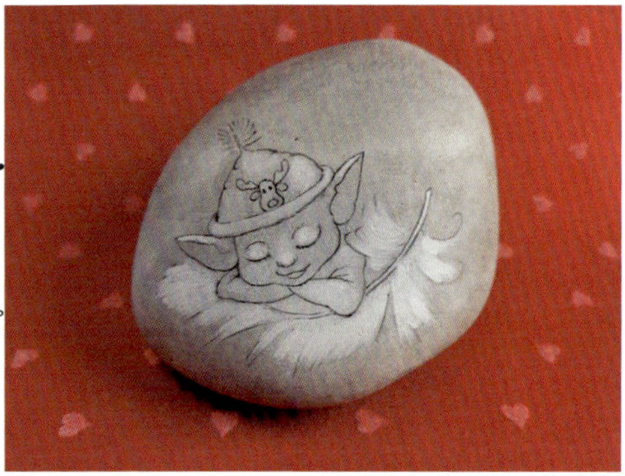

2 Nun kannst du wieder deine weiße Acrylfarbe auftragen. Bei dunklen Steinen sind hier mehrere Farbschichten vonnöten.

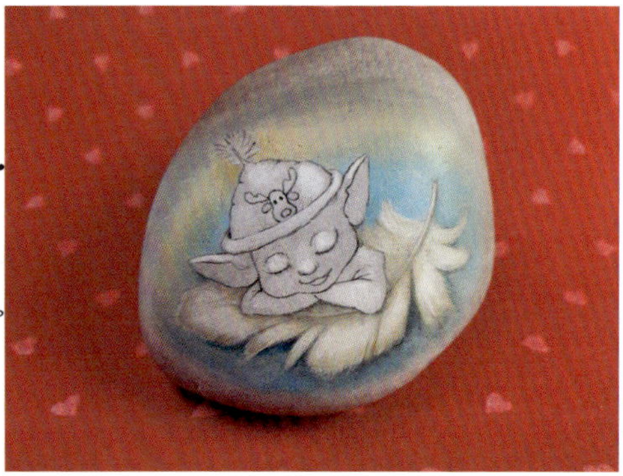

3 Mit einem hellen Blau legst du eine Hintergrundfarbe an, die nach oben hin ins Ocker übergeht. Auch die Feder bekommt Weiß und Ocker dazu. Die Farbübergänge werden weicher, wenn du den Vorgang zweimal machst.

4

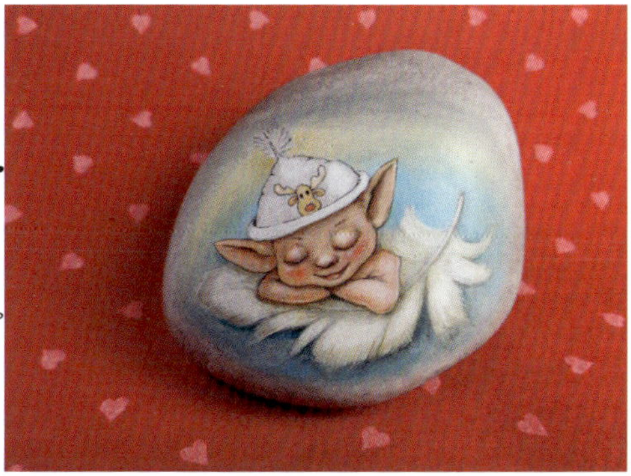

4 Auf deiner Farbpalette sollte jetzt Weiß, Ocker, Braun und Rot sein, um die Farben der Haut mit hellen und dunklen Stellen entstehen zu lassen. Nimm dir dafür ein bisschen mehr Zeit, damit die Farben weich ineinandergestrichen werden können.

5

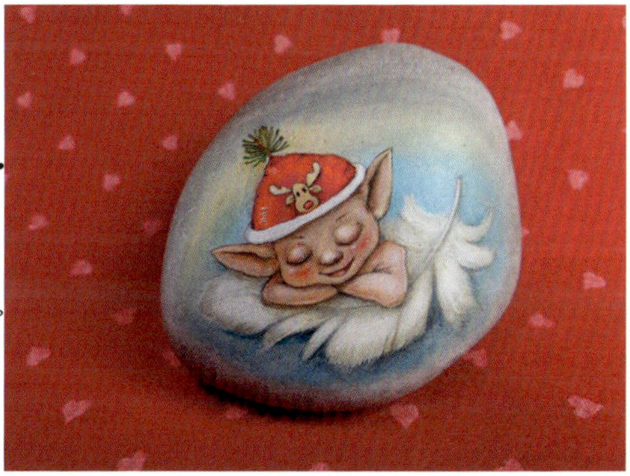

5 Für die Mütze nimmst du die Farbe Rot, und probiere mal kleine weiße Linien vom Hintergrund stehen zu lassen, um Lichtreflexion anzudeuten. Die Bommel der Mütze wird anschließend noch so gemalt, dass sie wie ein grüner Tannenzweig aussieht.

6

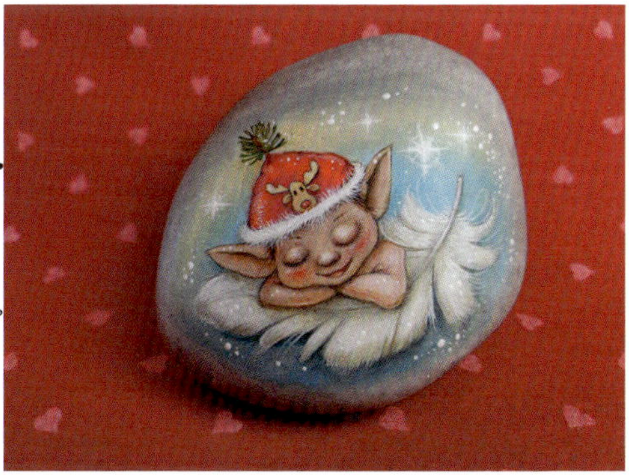

6 Wie immer kommt zum Schluss dein feinster Pinsel zum Einsatz, um Wimpern, Haare und eine flauschige Mütze entstehen zu lassen. Noch Sterne und Pünktchen dazu, und schon kann dein Wichtelkind glücklich träumen.

Über die Autorin

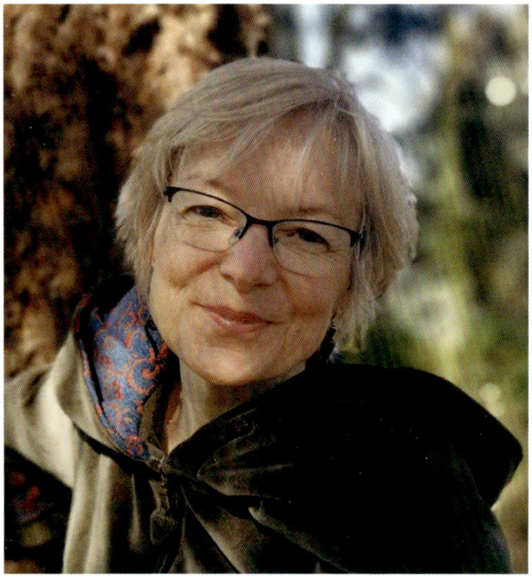

Marion Kaiser, 1968 in Berlin geboren, durfte die Ausbildung und den Beruf als Porzellanmalerin bei der KPM Berlin 15 Jahre lang genießen. Kreativ ging es als freischaffende Künstlerin weiter. Wie auch ihre bereits erschienenen Bücher zeigt dieses, ihr drittes Buch, die Erfahrung von über 30 Jahren Steinmalerei.

YouTube: **Marion Kaiser**

Instagram: **Marionkaiserkunst**

Homepage: **https://marionkaiser.jimdofree.com**

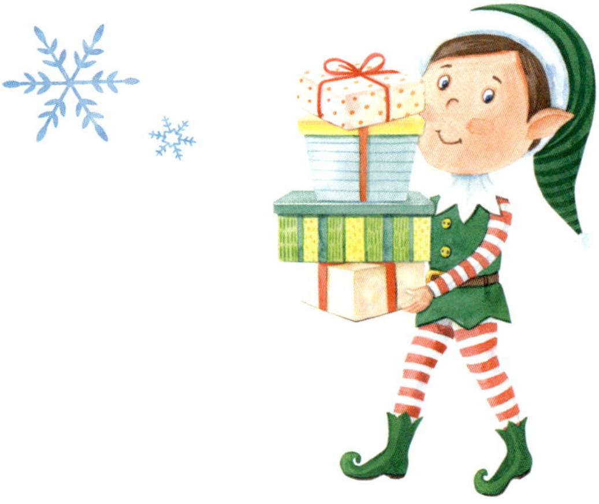

Danke

Es ist an der Zeit, mich für alles zu bedanken, was ist.

Ich flüstere meinen Dank allen Dingen zu, die mich freuen und mir leicht fallen, und allen Dingen, an denen ich wachsen kann und die ich noch lernen mag.

Mein Herz ruft seinen Dank all den lieben Menschen zu, die auf so unterschiedliche Weise dazu beigetragen haben, dass dieses Büchlein mit so viel Freude zur Welt gekommen ist. Denn es ist für mich immer ein kleines Wunder, dass es meine Bücher überhaupt gibt.

Und einen ganz besonderen Dank bekommt noch meine liebe Lektorin Franziska, denn ohne dich und deine liebevolle Art würde es dieses Buch gar nicht geben.

Danke!

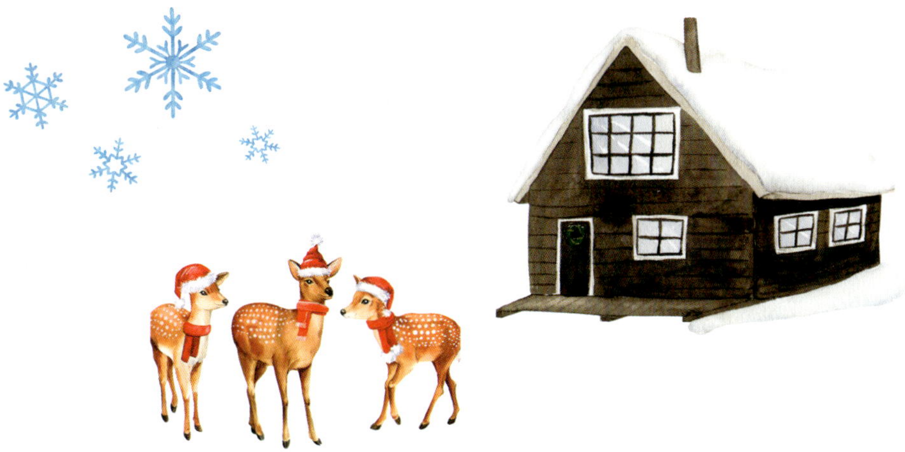

Impressum

Bibliografische Information der Deutschen Bibliothek.

Die Deutsche Bibliothek verzeichnet diese Publikation in der Deutschen Nationalbibliografie.

Detaillierte bibliografische Daten sind im Internet über http://www.dnb.de/ abrufbar.

EIN BUCH DER EDITION MICHAEL FISCHER

1. Auflage 2022

Covergestaltung: Anna Obermüller
Redaktion und Lektorat: Dr. Franziska Klorer
Layout: Emilia Ruppel
Satz: Lara Nelles (schere.style.papier), München

Bildnachweis: alle Bilder von Marion Kaiser außer (Schmuckelemente und -grafiken): S. 3 ©ff-photo/Shutterstock; S. 7 ©Beskova Ekaterina/Shutterstock, ©Franzi/Shutterstock; S. 20 ©Anastasia Lembrik/Shutterstock, ©Franzi/Shutterstock; S. 24 ©HirZo/Shutterstock; S. 28 ©Beskova Ekaterina/Shutterstock, ©LIUBOV VARFOLOMEEVA/Shutterstock, ©Franzi/Shutterstock; S. 32 ©Franzi/Shutterstock, ©Julia August/Shutterstock; S. 36 ©Gringoann/Shutterstock, ©Shmakova Ksenia/Shutterstock; S. 42 ©Beskova Ekaterina/Shutterstock, ©N.Savranska/Shutterstock; S. 46 ©OrangeKing/Shutterstock; S. 50 ©Beskova Ekaterina/Shutterstock, ©Sundra/Shutterstock; S. 54 ©Julia August/Shutterstock; S. 58 ©LIUBOV VARFOLOMEEVA/Shutterstock; S. 62 ©LIUBOV VARFOLOMEEVA/Shutterstock, ©Julia August/Shutterstock; S. 63 ©Gringoann/Shutterstock, ©Julia August/Shutterstock

ISBN 978-3-7459-1295-1

Gedruckt bei Polygraf Print,
Čapajevova 44, 08001 Prešov, Slowakei

www.emf-verlag.de